新编 解读中国

中国文化阅读教程 Ⅱ

〔美〕王海龙 著

北京大学出版社
PEKING UNIVERSITY PRESS

图书在版编目(CIP)数据

新编解读中国：中国文化阅读教程.Ⅱ/(美)王海龙著.—北京：北京大学出版社，2020.9
ISBN 978-7-301-31462-3

Ⅰ.①新… Ⅱ.①王… Ⅲ.①文化史–中国–对外汉语教学–教材 Ⅳ.①K203

中国版本图书馆CIP数据核字（2020）第145787号

书　　名	新编解读中国：中国文化阅读教程Ⅱ
	XINBIAN JIEDU ZHONGGUO: ZHONGGUO WENHUA YUEDU JIAOCHENG Ⅱ
著作责任者	〔美〕王海龙　著
责任编辑	唐娟华
标准书号	ISBN 978-7-301-31462-3
出版发行	北京大学出版社
地　　址	北京市海淀区成府路205号　100871
网　　址	http://www.pup.cn　新浪微博：@北京大学出版社
电子信箱	zpup@pup.cn
电　　话	邮购部 010-62752015　发行部 010-62750672　编辑部 010-62767349
印 刷 者	三河市北燕印装有限公司
经 销 者	新华书店
	889毫米×1194毫米　16开本　14.25印张　208千字
	2020年9月第1版　2020年9月第1次印刷
定　　价	62.00元

未经许可，不得以任何方式复制或抄袭本书之部分或全部内容。
版权所有，侵权必究
举报电话：010-62752024　电子信箱：fd@pup.pku.edu.cn
图书如有印装质量问题，请与出版部联系，电话：010-62756370

前　言

　　《解读中国·中国文化阅读教程Ⅱ》（以下简称《解读中国》）已经出版了十多年了，在同类教材中，它是比较早的，也是为教学界所熟知的。这些年，它在海内外受到了欢迎，并多次重印。但是，随着海内外文化、经济和外语教学等多方面的发展，我们需要对它进行一个从更高角度的审视和更新。现在我们这本《新编解读中国·中国文化阅读教程Ⅱ》（以下简称《新编解读中国》）就是对这种需求的一种响应。最近二十年是世界汉语教学的一个黄金时代，也是海外学汉语人数激增的时期。如何编写一部受广大教师和学生欢迎且适应教与学的教材是教育工作者迫切的责任。

　　通过这十几年来的教学实践，我们发现《解读中国》的教学主题和板块设计是合理的。它将语言教学和知识传播融为一炉，在字、词、句、章和汉语语法、词汇教学的同时，将中国文化的基本知识也传授给学生。同时，它尽量用浅显生动的语言将关于中国的方方面面呈现出来。这本书的另一个特点是，它在词汇教学和语法教学上注重基本功的训练，有大量的练习和语汇知识扩展方面的内容。

　　《新编解读中国》除了继续保持上述特色外，还加强了语词教学内容和释义、辨析等方面的训练。不仅在语法、词汇和修辞等方面进行了强化，我们在教学话题和内容上也进行了大幅度的更新和调整。《新编解读中国》除了介绍传统文化知识以外，更加关注中国社会的进步和民生以及老百姓关心的话题等，以便让学生能够学到比较鲜活的当下老百姓使用的语言，更好地理解当代中国，将所学的知识运用于实践中去。

　　《新编解读中国》词汇教学，依然保留了过去的优良传统，对生词的教学内容进行了悉心处理。根据以往一般情形统计，我们这套教材在海外适用于高年级教学层级。这个阶段的学生来源比较复杂：他们有的是在欧美或其他地区高校中学习过两年或两年以上汉语的外国学生；有的是在欧、美、亚、非等地长大的华裔子弟，从小跟父母或家人学汉语，或在各类周末华语学校学习过，程度不一；有的是在欧美或其他地区上中学、小学期间选修过汉语课的外国学生；还有一种是曾经在中国或说汉语地区工作或学习过的外教、外交人员、商人或他们的子女，他们当中有些人的发音很好，基本知识也具备，但是基础不牢，而且其汉语知识似是而非。

　　由于学生来源和背景比较复杂，本教材如果要符合大多数使用者的需要，有必要从语汇教学入手。我们在进行核心词汇教学设计时尽量满足不同读者的需要，主课文即导论课部分的生词提供简体和繁体两种字体对照的形式，以便使用者能循序渐进，逐渐达到统一适应新课程的需要。

此外，在词汇教学设计上，我们对每单元第一课，即单元导论课生词和后面的阅读理解课生词的处理略有不同。单元导论课是整个单元的纲或核心，在释词上我们尽量采用汉语释义的方式，尝试用浅显的中文来解释生词的意思，让学生们拓展认知、尝试着用汉语思维来理解汉语；同时，我们也提供了生词的英文翻译，以帮助学生更好地理解词义。本书词性标注依据《现代汉语词典》（第7版），对成语、习惯用语及离合词等不加标注。

围绕单元导论课，我们设计了一些阅读理解课。这些阅读理解课的生词我们采用传统的英文释义的方式让学生理解词义。阅读理解课的内容旨在加深对导论课的消化理解，其中包含了很多有趣的个案、故事以及阅读材料等。它们是导论课的有益补充，同时可以拓展相关词汇，促进和巩固所学的内容。

这本教材的使用者很多是海外各个专业门类的学生，他们的大学专业课往往非常繁重，而学外语特别是学汉语则是一门耗时耗力的选修课。为了兼顾不同专业的学生能有效地选修汉语这一门课，本书的体例设计比较适用于各类不同专业的学生的需要。过去的教学实践证明，这一方法是成功的，而且多年来受到了广大师生的欢迎和认可。

同时，本教材也比较注重阅读理解和讨论写作方面的训练，是一本全面培养和增进学生汉语能力的教材。基于教材的话题选择、内容选取和语法训练等方面的设计也比较合理。

《解读中国》出版后受到了广泛的欢迎和采用，在美国不仅是高校，一些高中和华语学校也在使用这本教材。此外，联合国和其他一些国际组织和机构也在用本教材培训职员。同时，国内的一些高校也选用了这本教材。总之，这是一本使用者众多、比较"靠谱"的受欢迎的教材。我们相信，通过这次改编，一定会使它在原有的基础上得以提高，以更新更好的面目来服务读者。

《解读中国》在十多年的使用过程中，我收到了很多老师和学生的反馈。非常感谢他们的支持和建议，在《新编解读中国》出版之际，请允许我在此向他们表示衷心的感谢。

同时，我还要感谢郭力、张弘泓、沈浦娜、邓晓霞和唐娟华等老师多年来对这本教材的改进和提高给予不懈的关心和支持。希望我们大家携起手来，共同为海内外汉语教学事业的发展和壮大而努力。

王海龙

2020年5月

目 录

1 单元　中国人的节日 …………………………………………… 1

第一课　中国人的节日 ……………………………………… 2

第二课　节日的形状 ………………………………………… 21

第三课　颜色、节日与民俗 ………………………………… 26

第四课　过年·祝福 ………………………………………… 33

第五课　纽约的鬼节游行 …………………………………… 42

2 单元　中国古代神话和传说 …………………………………… 49

第六课　中国古代神话和传说 ……………………………… 50

第七课　中国人的姓是从哪儿来的 ………………………… 72

第八课　中国人的避讳 ……………………………………… 78

第九课　柳毅与龙女 ………………………………………… 85

第十课　千里姻缘一线牵 …………………………………… 95

第十一课　史湘云说阴阳 …………………………………… 102

3 单元　中国的农民 ……………………………………………… 108

第十二课　中国的农民 ……………………………………… 109

第十三课　乡下人刘姥姥 …………………………………… 128

第十四课　农民进城 ··· 136

第十五课　农村女孩儿李子柒 ·· 143

第十六课　桂珍姐 ·· 153

4 单元　中国的现代化 ·· 160

第十七课　中国的现代化 ·· 161

第十八课　马可·波罗 ··· 176

第十九课　巴黎的"中国公主" ·· 184

第二十课　历史上的大航海时代 ·· 192

第二十一课　火车在中国的百年 ·· 200

生词索引 ·· 207

1 单元　中国人的节日

预习提示：

1. 人们为什么要过节？你知道中国有哪些节日吗？
2. 你知道"节日"是怎么形成的吗？
3. 你见过中国人怎么过节吗？你喜欢中国人的节日吗？说说你知道的中国的节日。
4. 你觉得中国人过节和西方人有什么不同？

第一课　中国人的节日

与世界上其他民族节庆传统一样，中国人的节日大都和中国人的文化习俗有关。节日是一个民族民间文化最集中的体现。从一个民族为什么要过节、过节有什么样的风俗习惯、节日的仪式等，我们可以看出这个民族的性格、民俗、情感寄托甚至美学和艺术修养等方面的特征。

中国人的节日是怎么形成的呢？按照古代文献的说法，中国最早的节日并不是庆祝或娱乐的意思。"节"可以表示"时间段落"，是指一个具体的时间，如节气、节令，它表示季节、气候与时间变化的结合。古人把一年分成二十四个节气，这些节气告诉人们时间和天气的情况。中国古代是一个农业国家，节气可以告诉人们如何进行生产劳动，安排家庭、社会生活以及举行宗教活动等，它对人们的日常生活很有帮助。

这样的节日在远古时期的主要功能是告知人们时间和季节的变化。后来，除了自然界时间的变化以外，人们又选取了一些有意义的时节来举行其他的社会文化活动。这样经历了几千年，中国人渐渐又发展出了其他一些固定的民族传统节日。

这类节日中保留了一些最早的跟农业劳动有关的内容；有的则是宗教和祭祀性的节日；有的节日后来发展成了纪念活动；有的节日是为了庆祝；还有一些节日则是社交游乐性的，它们发展成了假日，也就是休息的日子。

第一课　中国人的节日

　　进入现代社会以来，中国的节日内容发生了很大的变化。中国已经不完全是一个农业国家，过去一些跟农业相关的节日慢慢地消失了。此外，现代国家和政府的活动也以制度化的形式改变着人们的生活习惯。近几十年来，中国也产生了很多新的节日。这些节日有的跟国家的政治或社会生活有关；有的跟时髦的娱乐生活有关；有的是从别的国家或其他文化中学来的；有的只在一部分人或特殊的社会阶层里有影响。总之，节日像一面镜子，它反映了中国人的文化历史，也反映了当代中国人五花八门的新生活。

　　现在，中国最古老的与农业有关的节日只跟一部分人的生活有关系，这部分人主要是农民。农民的主要工作是种庄稼和蔬菜，以及养殖动物、水产等，与天气和季节有着密切的关系，因此他们今天仍然关心着这类节日。比如，农民非常注重立春、雨水、夏至、白露、霜降、小寒、大寒等节日，因为这些和他们的劳动、收获、保存劳动产品有直接的关系。

　　宗教和祭祀性的节日几乎是所有人都参与的。比如清明节是一个祭祀性的节日，过清明节时人们会祭祀自己的祖先，希望他们保佑家人平安和幸福；有时候，人们也会慷慨地施舍一些东西去祭祀那些没有后代的或别的灵魂，希望他们安宁，不给人们带来麻烦。中国文化是崇拜祖先的文化，有人认为这是中国人的一种基本的宗教。如果同意这一点，那么这种祭祀祖先的活动也可以看成是一种宗教活动。除了清明节以外，还有农历腊月初八的腊八节。有人说它起源于驱除瘟神；也有人说它是佛祖得道的日子。中华民族的传统节日还有农历腊月二十三日的祭灶节。节日那天，家家户户祭祀的是灶神，灶神是管理家中饮食的神。传说灶神每年这时候要到天上去向玉帝报告这家人的情况。在这一天，人们要准备一些好吃的东西来慰劳灶神。据说灶神喜欢多嘴，有的人家怕灶神向玉帝报告自己家里不好的事情，就在祭祀灶神的时候给他吃一种很黏很黏的糖，试图粘住他的嘴，这样灶神见到玉帝时就说不出话来了！

中国还有很多纪念性的节日，这类节日主要是纪念历史上备受人们尊崇的人物或民族英雄。比如寒食节就是纪念古时候一位有名的读书人介子推的。它缅怀的是介子推帮助逃亡的晋国公子当上了国王、立了大功但躲进深山不愿意出来做官的故事。端午节则是纪念伟大的爱国诗人屈原的事迹的。屈原是楚国的大官，楚国受到了别的国家的侵略，屈原想保护自己的国家，可是国王非但不听他的建议，反而撤了他的职。屈原看到自己的国家灭亡了，非常难过，于是他跳了江，想用他的死来唤醒人们保护自己的国家。除了是大官，屈原还是位大诗人，他写过很多有名的爱国诗，这些诗读起来非常感人，人们世世代代都纪念他。

庆贺性的节日主要以祝愿人们生活美满幸福、庆祝丰收、祈愿平安为基本内容。这种节日一般属于全民性的，也是一年中最大的节日，比如春节和中秋节等。由于这种节日规模大，庆祝的时间也长，因此一般选在农民不忙的时候过。比如春节是在冬天，这时候农民一般没有多少农活儿要做；而中秋节则选在秋天，即丰收之后，这样人们能够尽情狂欢，全心全意地玩乐。

其实，春节也是一个综合性的节日。除了庆贺外，它也有宗教和祭祀的意义，因为每当春节来临时，人们不仅敬神、祭祀自己的祖先，同时也有一些纪念活动，比如长辈会给孩子讲述一些祖先创业和成功的故事，以此来教育下一代人要努力奋斗，光宗耀祖。春节是中国最重要的传统节日，它一般会**持续**很长时间。按照过去的礼俗，农历十二月二十二日左右就应该开始准备过年了。这时候人们要打扫卫生、备年货，然后剪窗花儿、贴**春联**。到年三十，人们要互相"送年礼"表示祝贺。**除夕**晚上家家都要准备酒席，全家人一起吃年夜饭。有的地方还有**守岁**的习惯，全家人一起欢度除夕、迎接新年，老人和长辈会给孩子们一些压岁钱。新年一大早，人们就开始放鞭炮、吃饺子，然后互相拜年、请客。就这样，过年的庆祝活动要一直持续到元宵节。

中秋节也是中国人非常注重的一个节日。它源自古人对月亮的祭祀。据说中秋节的时候月亮最圆，古人认为月亮象征着团圆，中秋节是全家团聚的日子。这时候，离开家乡的人们不论多远，只要有可能，他们都要回去和亲人一起赏月、吃团圆饭，享受美好的生活。除此之外，中秋节还有吃月饼、看花灯、赏桂花等习俗。

社交游乐性的节日的主要目的是让大家开心地游玩儿娱乐，拜访亲友等。比如元宵节就是这样一个节日。过元宵节时人们吃元宵、赏花灯、放鞭炮、猜灯谜……传统的游乐性节日还有农历七月七日的**七夕节**（也称女儿节），传说这一天是牛郎织女相会的日子。在这一天的晚上，女孩子们通常在院子里摆上瓜果，向织女乞求做家务活儿和**缝纫**的技巧。在古代传统社会里，女孩子往往不能出去参加社会活动，而在七夕节的时候她们就可以出去聚会游玩儿，因此特别为女孩子所**珍爱**。这样的节日还有农历九月九日的**重阳节**。古时中国民间这一天有登高祈福、秋游赏菊、拜神祭祖等习俗。传承到现在，这一天又增加了敬老的**内涵**。这个节日也深受人们欢迎。

在现代社会，由于受到其他文化特别是西方文化的影响，中国人除了传统节日外，又**增添**了一些新的节日。因为这些节日一般是按照国际通行的日历安排的，所以它们和人们的工作、生活有着很大的关系。还有些节日是政府规定放假的节日，人们有更多的时间来庆祝和休息，它们的地位往往比传统的节日更重要，因而渐渐成了人们最喜欢的节日。

这一类的节日有很多，比如元旦，即全世界共同庆祝的阳历新年。此外还包括带有政治色彩的节日，即三月八日的国际妇女节，中国的妇女那天可以休假。还有五月一日的国际劳动节，全国统一放三天假。六月一日是国际儿童节，全国少年儿童放一天假。十月一日是国庆节，全国统一放七天长假来庆祝这个节日。在这些富有政治意义的节日中，除了老百姓休息和庆祝外，政府往往也组织大型的庆祝活动和演出活动。有的节日除了有政治意义外，更增加了娱乐和休闲的内容，特别是十一这个全国性的大节日，因为放长假，再加上此时季节和天气也很好，所以成了人们旅游最好的时节。

除了上述节日以外，近年来，随着中西方文化交流的日益加深，西方的某些节日如情人节、圣诞节等在中国的年轻人中间流行了起来；有些信仰基督教的中国人也开始庆祝西方的复活节和其他宗教节日。但总而言之，模仿或庆祝西方节日在中国还不太流行，举行和参与这类活动的也大多是年轻人。他们有的觉得新鲜好玩儿，有的是出于好奇，觉得西方的节日很洋气、浪漫，所以喜欢参与。

从上面的历史回顾中我们可以看出，从古到今，节日的形成和中国人的节日习俗代表着中国文化发展的一些本质性的内容，这些内容反映了文化内涵的变迁。中国人过节的传统可以看成是一幅浓缩了中国文化发展史的风俗画卷。

生 词　Vocabulary

1. 寄托	寄託	jìtuō	动	把希望和理想放在某人身上或某种事物上　to entrust to care of, to place (hope etc.) on
2. 特征	特徵	tèzhēng	名	人或事物所具有的特点　characteristic, feature
3. 文献	文獻	wénxiàn	名	有历史价值或参考意义的图书、文件等　document, literature
4. 娱乐	娛樂	yúlè	动|名	游玩儿、消遣；快乐有趣的活动　to amuse; amusement
5. 节气	節氣	jiéqì	名	根据昼夜长短、中午日影高低在一年时间中定出的每一点叫一个节气　solar terms
6. 节令	節令	jiélìng	名	一个节气的气候和物候　seasonal change, festive day
7. 功能	功能	gōngnéng	名	事物或方法的功用和效能　function
8. 时节	時節	shíjié	名	季节，时令　season
9. 固定	固定	gùdìng	动	不变动，不移动　to fix, to regularize
10. 祭祀	祭祀	jìsì	动	向神佛或祖先供奉祭品并行礼以求保佑　to offer sacrifices to gods or ancestors
11. 社交	社交	shèjiāo	名	社会上人们之间的交往　social contact
12. 游乐	遊樂	yóulè	动	游玩儿娱乐　to amuse oneself, to have fun
13. 制度化	制度化	zhìdùhuà	动	用制度的形式规定下来　to set up systematic procedue

14. 时髦	時髦	shímáo	形	（穿着或其他事物）新颖入时 fashionable, in vogue
15. 镜子	鏡子	jìngzi	名	用铜或玻璃制造的能照见形象的平面器具 mirror
16. 反映	反映	fǎnyìng	动	比喻把事物的实质显示出来 to reflect, to make known
17. 五花八门	五花八門	wǔhuā-bāmén		各种各样，种类很多 all kinds of, all sorts of
18. 庄稼	莊稼	zhuāngjia	名	各种粮食作物 crops
19. 养殖	養殖	yǎngzhí	动	饲养和繁殖 to breed, to cultivate
20. 水产	水產	shuǐchǎn	名	水里出产的动物、藻类等的统称 aquatic product
21. 密切	密切	mìqiè	形	亲密的 close, intimate
22. 收获	收穫	shōuhuò	动|名	收取劳动成果；取得的成熟的农作物 to reap, to gain; harvest, gain
23. 参与	參與	cānyù	动	参加活动、会议等 to participate in
24. 保佑	保佑	bǎoyòu	动	神佛保护和帮助 to bless and protect
25. 慷慨	慷慨	kāngkǎi	形	大方 generous, unselfish
26. 施舍	施捨	shīshě	动	把财物送给穷人等 to give alms, to give in charity
27. 农历	農曆	nónglì	名	中国传统历法，也作阴历 lunar calender
28. 驱除	驅除	qūchú	动	赶走，除掉 to drive out, to eliminate, to get rid of
29. 瘟神	瘟神	wēnshén	名	散播瘟疫的恶神，比喻给人带来灾难的人或事物 god of plague

30. 得道	得道	dé dào		学到了方法和思想　to have got knack of doing sth.
31. 慰劳	慰勞	wèiláo	动	用话语和物品安慰　to requite with gifts or thanks etc.
32. 黏	黏	nián	形	用胶水等把一个东西附在另一个东西上的性质或状态　sticky, glutinous
33. 粘	粘	zhān	动	用黏的东西把物件连接起来　to glue, to stick
34. 事迹	事跡	shìjì	名	个人或集体做过的有意义的或重大的事情　deed
35. 撤职	撤職	chè zhí		取消职务　to dismiss sb. from post
36. 唤醒	喚醒	huànxǐng	动	叫醒，使人觉悟　to wake up, to awaken
37. 庆贺	慶賀	qìnghè	动	向别人表示祝贺和道喜　to celebrate, to rejoice over
38. 丰收	豐收	fēngshōu	形	收成好　harvest
39. 祈愿	祈願	qíyuàn	动	祈祷祝愿　to pray and wish
40. 全民性	全民性	quánmínxìng	形	所有人的　whole people, all the people
41. 狂欢	狂歡	kuánghuān	动	纵情欢乐　to revel, to rejoice with wild excitement
42. 综合性	綜合性	zōnghéxìng	形	把各种不同而互相关联的事物或现象组合在一起　synthetic
43. 创业	創業	chuàngyè	动	开创事业　to start undertaking, to do pioneering work
44. 持续	持續	chíxù	动	持续，延长　to continue, to go on, to last

45. 春联	春聯	chūnlián	名	春节时贴的对联　Spring Festival couplets, New Year scrolls
46. 守岁	守歲	shǒu suì		农历除夕晚上不睡觉，一起送旧岁、迎新岁直到天明　to stay up all night on New Year's Eve
47. 缝纫	縫紉	féngrèn	动	剪裁制作衣服等　to sew
48. 珍爱	珍愛	zhēn'ài	动	珍惜爱护　to cherish
49. 内涵	内涵	nèihán	名	包含的内容　connotation
50. 增添	增添	zēngtiān	动	加多，添加　to add
51. 国际	國際	guójì	名	世界各国　international
52. 通行	通行	tōngxíng	动	通用，流通　to be in common use
53. 阳历	陽曆	yánglì	名	西方以地球绕太阳转一圈为一年的历法，阳历是国际通行的历法　solar calendar
54. 休闲	休閒	xiūxián	动	休息和悠闲　to lie fallow, to have a break
55. 模仿	模仿	mófǎng	动	照着样子做　to imitate
56. 好奇	好奇	hàoqí	形	对不懂的事物有强烈的兴趣　curious
57. 洋气	洋氣	yángqi	形	时髦的，外国风格的　foreign flavor, Western style
58. 浪漫	浪漫	làngmàn	形	富有诗意和充满幻想的　romantic
59. 回顾	回顧	huígù	动	回过头来看　to look back, to retrospect
60. 变迁	變遷	biànqiān	动	变化转移　to change
61. 画卷	畫卷	huàjuàn	名	成卷轴的画，比喻壮丽的景色或动人场面　scroll painting, picture scroll

专 名　Proper Nouns

1. 腊八节	臘八節	Làbā Jié	农历十二月八日，传说这天是佛祖得道的日子。人们在这一天用米、豆、枣、花生和干果等煮腊八粥纪念　the festival in 8th of lunar December
2. 祭灶节	祭竈節	Jìzào Jié	祭祀灶神的节日　the festival of worshipping Kitchen god
3. 除夕	除夕	Chúxī	农历一年中最后一天的晚上　New Year's Eve
4. 七夕节	七夕節	Qīxī Jié	农历七月七日晚上，天上的牛郎织女相会，女子总在这个晚上在院子里摆上供品向织女乞求缝纫的技艺，又称女儿节　Double Seventh Festival
5. 重阳节	重陽節	Chóngyáng Jié	农历九月九日，民间风俗这一天登高赏菊、饮酒、佩戴香草避邪，又叫登高节　Double Ninth Festival
6. 国庆节	國慶節	Guóqìng Jié	庆祝国家建立的重要纪念日　National Day
7. 情人节	情人節	Qíngrén Jié	情人们互相赠送鲜花和礼物的纪念性节日　Valentine's Day
8. 圣诞节	聖誕節	Shèngdàn Jié	每年十二月二十五日基督徒纪念基督诞生的日子　Christmas
9. 复活节	復活節	Fùhuó Jié	基督教纪念基督复活的节日　Easter

习惯用语和特殊表达用语

1. 五花八门：形容种类、花样很多而且变化多端。

    （1）我到市场上一看，真是五花八门，卖什么的都有。我在那儿转了整整一个上午，买了很多东西。

    （2）他从小就喜欢武术，见什么学什么，这些年来五花八门什么样的功夫都学了一些，慢慢地他就出名了。

2. 世世代代：指一代一代，很多年代。

    （1）牛郎与织女的故事，就这样世世代代流传了下来。

    （2）由于孔子的书是中国世世代代科举考试的必读书目，因此他的思想对中国文化产生了巨大的影响。

3. 美满幸福：美好圆满，幸福愉快。

    （1）A：孔子认为什么样的生活才是美满幸福的？

    B：不是有钱，不是做官，而是粗茶淡饭，有书读。

    （2）他们俩结婚以后互相关心、互相包容，日子过得美满幸福，真让人羡慕。

4. 全心全意：用全部的精力。

    （1）他们全心全意地为客户服务，受到了大家的一致好评。

    （2）你要真想帮他，就应该全心全意地帮，不要总是只在嘴上说帮忙。

5. 国际通行：国际上普遍通用的、流通的。

    （1）现在不论你在哪个国家坐飞机，他们都使用国际通行的时间。

（2）中国将遵循国际通行原则和战略，同世界各国发展互惠互利的经济贸易关系。

句型和词语操练

- 寄托

  1. 他非常珍重那支旧钢笔。他常常说，那支笔虽然旧，但是妈妈送给他的，它寄托了妈妈对他的期望。

  2. 我对他并没有寄托什么希望_____
  _____。

  3. 从那以后，他每天努力学习，因为他知道_____
  _____。

- 特征

  1. 你能不能给我介绍一下儿那个人的主要特征？

  2. 有人说美国文化最重要的一个特征是_____
  _____。

  3. 任何优秀的文学作品都应该有自己的特征，因为_____
  _____。

- 时髦

  1. 你觉得把头发染成绿色就很时髦吗？

  2. 我不太喜欢跟他在一起，因为他太喜欢赶时髦，_____
  _____。

3. 现在越来越多的年轻人喜欢赶时髦，_____
_____。

• 反映

1. 他对此事漠不关心，反映出了我们在处理这件事时存在着一些问题，我们下个星期应该再好好儿讨论一下儿这件事。

2. 从来没有人给我反映过这件事，_____
_____。

3. 这篇文章描写得很真实，_____
_____。

• 五花八门

1. 这个学校开设的课真是五花八门，什么都有，简直太丰富了。

2. 他的朋友多极了，五花八门，各行各业_____
_____。

3. 这家商场里陈列的女式服装_____，
_____。

• 参与

1. 他说这件事太复杂了，劝我千万别参与进去。

2. 除了学习以外，我们还应该积极参与_____
_____。

3. 即使我不参与这件事，_____。

• 慰劳

1. 他们已经累了整整一天了，我们应该给他们送去一些酒菜慰劳慰劳他们。

2. 为了慰劳他们，_____。

3. 考完了试，_____。

- 综合性

    1. 这所大学是一所综合性的大学，开设了一百多门不同的学科，同时也是一所有名的大学。

    2. 这家商店只卖衣服，不是综合性的百货商店，如果_____，你应该_____。

    3. 这家公司不仅负责进口业务，还负责出口业务，_____。

- 持续

    1. 我们公司最近几年一直保持着持续发展的好势头。

    2. 这场大雪持续下了三天，_____。

    3. 这次聚会大家玩儿得太开心了，_____。

- 珍爱

    1. 她一不小心竟然把妈妈最珍爱的那块手表摔坏了。

    2. 这本相册是他最珍爱的一本相册，因为_____。

    3. 从那以后，他们就再也没见过面，但是_____。

- 模仿

    1. 我虽然鼓励你向他学习，但我并不喜欢你处处模仿他。

    2. 聪明的人有时候也模仿_____
    _____。

    3. 刚开始学写文章的时候可以模仿一些优秀的作品，因为通过模仿可以_____
    _____。

- 好奇

    1. 我认为一个人有好奇心不是什么缺点，反倒是对什么事都漠不关心、对什么都不感兴趣的人才有问题呢。

    2. 你别对什么事都太好奇，_____
    _____。

    3. 他为什么每天都到半夜才睡觉呢？_____
    _____。

- 回顾

    1. 回顾这些年走过的路，他为自己做出的成绩而骄傲。

    2. 他回顾自己从小时候开始学中文到现在_____
    _____。

    3. 虽然我不喜欢回顾过去，_____。

一、根据课文内容,回答下列问题

1. 为什么说"节日是一个民族民间文化最集中的体现"?
2. 中国最早的节日是怎么形成的?节日在远古时期主要有哪些功能?
3. 中国人的节日主要分为哪几大类?请举例说明。
4. 节日的形成、发展跟社会的变化有没有关系?试举例说明它们之间有着什么样的关系。
5. 举例谈谈跟农业生产有关的节日。
6. 举例谈谈跟宗教和祭祀活动有关的节日。
7. 举例谈谈中国纪念性的节日有哪些。
8. 举例谈谈跟庆贺、祈愿有关的节日。
9. 举例谈谈中国跟社交游乐有关的节日。
10. 举例谈谈在现代中国社会中跟政治有关的节日。
11. 当代中国有哪些受西方影响的节日?

二、用下列词语造句

1. 寄托:
2. 时髦:
3. 反映:
4. 五花八门:
5. 参与:
6. 慷慨:

7. 慰劳：_____

8. 持续：_____

9. 珍爱：_____

10. 浪漫：_____

三、找出下列每组词中的同义词

- 习俗　　　　俗话　　　　仪式　　　　风俗
- 文献　　　　文件　　　　记录　　　　历史
- 庆祝　　　　祝贺　　　　崇拜　　　　保佑
- 反映　　　　表现　　　　镜子　　　　反响
- 参与　　　　一起　　　　关系　　　　参加
- 保佑　　　　幸福　　　　平安　　　　安宁
- 慰劳　　　　施舍　　　　安慰　　　　保佑
- 缅怀　　　　纪念　　　　庆祝　　　　寄托
- 富足　　　　美满　　　　丰收　　　　圆满
- 团聚　　　　娱乐　　　　团圆　　　　圆满
- 持续　　　　继续　　　　延期　　　　延后

四、选词填空

| 社交 | 祭祀 | 文献 | 模仿 | 创业 | 娱乐 |
| 功能 | 时髦 | 反映 | 密切 | 慷慨 | 持续 |

1. 你最喜欢什么样的_____活动？

2. 这个学校非常喜欢收集古代资料，图书馆里有很多珍贵的_____。

3. 中国人在过年或过节的时候常常_____自己的祖先，你们美国人也这样做吗？

4. 这种电脑的_____很好，今天我们已经卖了三十多台了。

5. 他大学毕业后就开始_____了，现在公司已经发展得很好了。

6. 这件黑色的毛衣很_____，你买一件吧。

7. 他_____的情况很重要，可是我们以前几乎从来没想到过这些问题。

8. 虽然他跟老师的关系很_____，可是我不认为老师在考试的时候会专门帮助他。

9. 大家都喜欢他是因为他平时对人很_____，不管谁有困难他都会帮忙。

10. 这场大雨下了很长时间，一直_____了一个多星期。

11. 姐姐的_____能力很强，她一到这里就很快结识了很多新朋友。

12. 他从不喜欢_____别人，总是有自己独特的想法。

五、用括号里的词语改写句子

1. 他的想法总是很多，他觉得自己很聪明，可是别人都说他的脑子并不是很清楚。（五花八门）

2. 史书告诉我们，中国最早的节日并不是为了庆祝或娱乐。（按照……的说法）

3. 看一个人怎么对待别人,我们就能知道他是不是善良、性格怎么样。(从……中)

4. 宗教和祭祀性的节日不仅包括清明节,还包括腊八节、祭灶节等。(除了……以外……)

六、写作练习

1. 用一句话来总结出课文中每一个段落的意思。
2. 用三句话来概括(gàikuò, summarize)出这篇课文的主要内容和观点。
3. 选取课文中介绍的其中一个节日,写一篇短文介绍这个节日的来历、性质以及人们的庆祝方式等,你可以查阅一些有关的工具书。
4. 写一篇短文比较一下儿中国人和你们国家过节有什么不同。
5. 作文:《我们国家的节日》

　　　《我家过节》

第二课 节日的形状

过节一般是中国人感到最高兴的事。这时候，即使人们心里有点儿不愉快或者身体有点儿不舒服也会被节日的气氛给冲走的。

为什么呢？因为过节的时候全中国都是热热闹闹的，到处充满着喜气洋洋的气氛，你的烦恼和忧愁很快就会被感染得快乐起来。

有人说，中国的节日是有形状的。这些形状分别对应着不同的节日。比如说，春节的形状是新月形或元宝形的。因为春节是新的一年的开始，所以一切都在发芽，包括一个人的好运气。人们用月芽形来比喻春节，预示着新的一年要有好兆头。同时，依照这个形状，人们创造了月芽形的饺子。北方民俗过年是必吃饺子的。除了自己吃，祭拜祖先也一定要有饺子。在过去，穷人家即使没有钱，吃不上肉饺子，也要用豆腐白菜包点儿素馅儿的饺子。中国有句老话叫作"好吃不过饺子，舒服不过躺着"。我们从这句话里可以看出饺子在中国人心里是多么美满。

元宵节的形状是圆的。因为元宵是圆的，灯笼是圆的，人们吃的福橘和象征平安的苹果也是圆的。这时，人们的心情自然也是圆满的。

再往后就是清明节了，清明节的形状是柳枝样的。因为这时候，杨树、柳树都发芽了，天气也晴暖了，到处是一片花红柳绿。农民们开始耕地了，孩子们开始用青青柳条编织帽子了，姑娘们也开始在田地里采摘野花儿了。

端午节的形状是三角形或者梯形的。为什么呢？大家都知道，端午节得吃粽子，粽子大致是三角形或梯形的。中国南方包粽子用的最多的就是竹叶，北方不像南方那样到处都有竹叶，所以北方包粽子大部分用的是苇叶。但因为叶子较窄，所以包起来有点儿难度，有的包成了斧头形，有的包成了梯形。但它们吃起来一点儿也不逊色，有一种好吃的清香。

中秋节当然也是圆形的，它是一个比元宵节更大的圆。因为秋天是个丰收的季节，家家都有了丰硕的收获，钱包也都变得圆鼓鼓的了。中秋节的月亮圆，月饼圆，人的心情更圆。事事都圆满，家家也都变得慷慨和幸福了。

重阳节应该是菊花形的。这时候天高气爽，满眼都是美丽的秋色。重阳节是菊花盛开的季节。菊花经历风霜，有着顽强的生命力，它代表着勇敢、健康和长寿。所以中国人用它来祝福老年人身体健康、生活美满。现在重阳节在中国被认为是敬老的节日。

再往后就是腊八节了，腊八节是散点形的各种圆。从五谷杂粮到桂圆、红枣、核桃、花生，都是大大小小各种不同的圆。你如果看懂了腊八的形状，你就会明白中国人为什么那么喜欢圆，中国的节日里为什么有那么多圆，你就应该知道中国人是多么喜欢圆满了。

而中国的祭灶节是多边形的。到了祭灶节，就意味着一年的辛苦就快到头了，剩下的日子都是好日子，所以祭灶节也叫"过小年"。到了这时，长方形的是春联、是年糕、是大肉、是供桌，甚至是麻将；圆形的是点心、是窗花儿、是寿桃、是祭祀的供品；方形的是"福、禄、寿、喜"；而新月形和元宝形的呢，又是饺子。

接着就又是春节了。一年到头，年复一年，中国人就这么年年岁岁地工作着，劳动着，享受着。

生 词　　Vocabulary

1. 感染	gǎnrǎn	动	to infect, to be infected with
2. 形状	xíngzhuàng	名	form, appearance, shape
3. 新月	xīnyuè	名	crescent, new moon
4. 元宝	yuánbǎo	名	shoe-shaped gold ingot, shoe-shaped silver ingot
5. 发芽	fā yá		to germinate, to sprout, to burgeon
6. 兆头	zhàotou	名	omen
7. 美满	měimǎn	形	happy, perfectly satisfactory
8. 橘	jú	名	tangerine
9. 耕地	gēng dì		to plough, to till
10. 采摘	cǎizhāi	动	to pluck, to pick
11. 梯形	tīxíng	名	trapezoid
12. 粽子	zòngzi	名	zongzi, traditional Chinese rice-pudding, rice dumpling
13. 斧头	fǔtóu	名	axe
14. 菊花	júhuā	名	chrysanthemum
15. 散点	sǎndiǎn	名	random dots style, loose dots style
16. 多边形	duōbiānxíng	名	polygon
17. 点心	diǎnxīn	名	pastry, dessert
18. 供品	gòngpǐn	名	articles of tribute, tribute

综合练习

Exercise One: Remembering Details

细读本文，指出下列句子提供的信息是对的还是错的。如是错的，请改成正确的答案

1. 中国人喜欢过节是因为过节时有很多好吃的。　　　　　　　　　　（　　　）
2. 中国人过节时喜欢吉利的和有象征意义的形状。　　　　　　　　　（　　　）
3. 饺子除了好吃，样子也象征着吉利和发财。　　　　　　　　　　　（　　　）
4. 清明节的形状是圆的，因为大家喜欢圆圆满满。　　　　　　　　　（　　　）
5. 菊花有顽强的生命力，象征着健康长寿，所以重阳节是中国人敬老的节日。　　　　　　　　　　　　　　　　　　　　　　　　　　　（　　　）
6. 因为中国人喜欢圆，所以他们过节时吃的、用的都是圆形的东西。　（　　　）
7. 祭灶节也叫"过小年"，是中国人最重要的节日。　　　　　　　　（　　　）

Exercise Two: Analyzing Ideas

根据文章内容，选择正确的答案

1. 节日能够给人们带来好心情是因为＿＿＿＿＿＿＿＿。
   A. 气氛好　　　　　　　B. 有钱　　　　　　　　C. 吃得好
2. 这篇文章说中国的节日有形状，是因为它们有＿＿＿＿＿＿＿＿意义。
   A. 教育　　　　　　　　B. 欢乐　　　　　　　　C. 象征
3. 中国人过年过节喜欢吃饺子，是因为它＿＿＿＿＿＿＿＿。
   A. 象征吉利　　　　　　B. 样子好看　　　　　　C. 吃了舒服
4. 虽然中国人喜欢圆圆满满，可端午节的粽子是＿＿＿＿＿＿＿＿。
   A. 方形的　　　　　　　B. 菊花形状的　　　　　C. 三角形或梯形的

5. "过小年"的形状是多边形的，因为它代表的_____比较多。

    A. 内容   B. 节日   C. 食品

Exercise Three: Synonyms

根据上下文的意思，找出句中加点词的同义词

1. 因为过节的时候全中国都是热热闹闹的，到处充满着喜气洋洋的气氛，你的烦恼和忧愁很快就会被感染得快乐起来。（   ）

    A. 影响   B. 告诉   C. 教育

2. 人们用月芽形来比喻春节，预示着新的一年要有好兆头。同时，依照这个形状，人们创造了月芽形的饺子。（   ）

    A. 希望   B. 福气   C. 预兆

3. 我们从这句话里可以看出饺子在中国人心里是多么美满。（   ）

    A. 漂亮   B. 完满   C. 愉快

4. 因为秋天是个丰收的季节，家家都有了丰硕的收获，钱包也都变得圆鼓鼓的了。（   ）

    A. 收成多   B. 钱多   C. 成果

Exercise Four: Discussion Questions

讨论下面的问题

1. 春节是什么形状的？为什么是这个形状？
2. 在中国传统文化里，"圆"为什么这么受欢迎？它有什么特殊意义？
3. 吃饺子在中国文化里为什么这么重要？你吃过饺子吗？你喜欢吃饺子吗？
4. 端午节为什么要吃粽子？中国的南北方粽子为什么有不同的形状？
5. 你们国家的节日有没有特殊的形状？能不能举例子说一说？
6. 请你谈一谈你喜欢中国的哪个（些）节日。为什么？

第三课　颜色、节日与民俗

在美国观看中国的电视节目，看到关于股票的新闻时常常有一个很有趣的现象：股票大涨时的报道是"全线飘红"，电视屏幕上的表格、图像都是红乎乎的一片。起初我不了解情况，替国内股民担心，但看他们欣喜若狂的样子才知道我错了：原来国内股市大涨用红色表示，而下跌却用绿色表示。这跟西方证券市场标示的颜色完全相反。对此，不单是外国人看不懂，我看了也很糊涂。毕竟，股票是西方人发明的，怎么表示它的涨跌标志的颜色到了中国却变得完全相反了呢？

在西方，红色一般表示危险、紧张、警告或提醒别人注意的意思。比如说经济出了问题用红色标记"赤字"；交通信号灯用红色表示"停止"；此外，在公共场合一般用红色标志来提醒大家注意某些事项；有些重要通知的关键部分用红字标示出来等。

在中国，大部分情况也是这样，但是在很多方面及民俗习惯上，红色的用法却不同。中国老百姓喜欢红色，它是中国人的吉祥色，所以，老百姓用红色表示高兴、圆满、兴旺和喜庆。

在中国古人的信仰里，红色通常表示火、血、生命力、太阳、热量、驱邪、愤怒等。它的引申义则有激情、坚强的意志等意思或跟自信、忠诚、财富相关。当然，红色在中国也有危险和警告的意思。但老百姓更喜欢用红色代表吉祥的意思，所以中国人的节日和所有喜庆的事情都喜欢用红色。也就是说，红色代表着红红火火。

26

在中国民俗中，黑色一般象征着肃穆、死亡、典雅、冷静、严肃、神秘，它有时候也象征着冷酷、残忍、邪恶、绝望、保守和消极。在正规场合中它也有庄重、成熟、高贵、深厚和威严的特征。

但是黑色在大部分时候都表示不好的意思。比如中国人在节日时不喜欢用黑色，中国人的装饰色和图案等也不喜欢用黑色。黑色在中国不同的朝代、不同的民族和不同的文化中都表示不吉祥的意思。国际上也这样，比如世界上大多数民族的葬礼和丧服的颜色都是黑色的。黑纱和黑色也是世界通用的"葬礼色"。

中国人对白色的感情也比较复杂。在世界大多数文化中，白色象征着纯洁、明亮、朴素、神圣和高雅；但它有时候也指空虚、无望、惨淡等。白色也被认为是一个极端的颜色。中国古书上说，白色为始，黑色为末。在基督教传统中，复活的耶稣在画儿中总是穿着白色的衣服。正因为白色是复活的颜色，所以神话和传说中的复活者常穿着白色衣服出现在上帝面前。而在佛教中，白色的莲花是指佛国生长的一种巨大的莲花，是呈祥和圆满的象征。现代社会中有时候也把白色服装视为高品味的审美象征。

在今天，白色被认为代表着一种圣洁、不妥协、不容侵犯的性格。西方的婚礼中，新娘常常穿着纯白色的婚纱，佩戴着白色的耳环、项链、头饰，再加上手中白色的鲜花，这些纯净的白色服饰、白色婚礼仪式装潢，再加上白色的餐桌以及整体白色清纯高雅的气氛，象征着一个圣洁的起点，表现出人们对纯真、神圣、幸福、美好生活的向往和追求。

但在中国古代传统的婚礼上，新娘一定要穿红色的衣服、用红色的盖头、坐大红的花轿，结婚时新房的布置和装潢也是要以红色为主。旧时的婚礼忌讳白色。可是在现代社会，新派的中国婚礼也出现了以白为美、崇尚西式的潮流。追求时髦的年轻人要学习西方，遵循传统的长辈却要奉行中国人求吉利的习惯，这样，就产生了中国式婚礼上中西结合的风格：新娘在婚礼进行时穿西式的纯白色婚纱，而在婚宴时则穿中国传统的代表喜庆吉祥的红色旗袍。新娘在整个婚宴过程中一直穿着红色的旗袍向长辈和亲朋好友敬酒，以获得美好的祝福。

生　词　Vocabulary

1. 股票	gǔpiào	名	stock
2. 涨	zhǎng	动	to rise, to go up
3. 红乎乎	hónghūhū	形	reddish
4. 股民	gǔmín	名	investor
5. 欣喜若狂	xīnxǐ-ruòkuáng		to be as happy as a lark, to be mad with joy
6. 下跌	xiàdiē	动	to fall, to drop
7. 证券	zhèngquàn	名	security
8. 标示	biāoshì	动	to mark
9. 相反	xiāngfǎn	形	opposite, on the contrary, in contrast
10. 不单	bùdān	连	not only
11. 标志	biāozhì	动	to sign, to mark
12. 警告	jǐnggào	动	to warn, to caution, to warn
13. 赤字	chìzì	名	deficit
14. 场合	chǎnghé	名	occasion, situation

15. 关键	guānjiàn	形	key
16. 吉祥	jíxiáng	形	lucky, auspicious, propitious
17. 驱邪	qūxié	动	to drive evil spirit out
18. 引申义	yǐnshēnyì	名	extended meaning
19. 肃穆	sùmù	形	solemn and respectful
20. 典雅	diǎnyǎ	形	elegant
21. 残忍	cánrěn	形	cruel, ruthless
22. 威严	wēiyán	形	stately, majestic
23. 装饰	zhuāngshì	动	to decorate, to embellish
24. 葬礼	zànglǐ	名	funeral ceremony, obsequies
25. 纯洁	chúnjié	形	pure, clean and honest
26. 神圣	shénshèng	形	sacred, holy
27. 空虚	kōngxū	形	void, empty
28. 惨淡	cǎndàn	形	gloomy, dismal, arduous, bleak
29. 复活	fùhuó	动	to bring back to life, to revive
30. 品味	pǐnwèi	名	taste, savour
31. 审美	shěnměi	动	to appreciate, to taste
32. 妥协	tuǒxié	动	to come to terms, to compromise
33. 侵犯	qīnfàn	动	to encroach on, to infringe upon, to violate
34. 装潢	zhuānghuáng	动	to decorate, to dress
35. 盖头	gàitou	名	wedding veil, end-shield

36. 忌讳	jìhuì	动	to avoid as taboo, to avoid as harmful, to abstain from
37. 西式	xīshì	形	Western style
38. 奉行	fèngxíng	动	to pursue (a policy, etc.)

综合练习

Exercise One: Remembering Details

细读本文，指出下列句子提供的信息是对的还是错的。如是错的，请改成正确的答案

1. 在使用颜色的观点上，中国人和西方人完全相反。　　　　　　　（　　）
2. 在不同文化中，颜色代表的意义不同，表达的情感也不同，因此了解它们在特定文化中的意义很重要。　　　　　　　　　　　　　　（　　）
3. 西方人不喜欢红色，所以所有的红色都代表不好的意思。　　　（　　）
4. 中国人自古以来都喜欢红色，所以所有的红色都代表吉祥和喜庆。（　　）
5. 西方人不在乎颜色，他们使用颜色的时候很随便。　　　　　　（　　）
6. 中国老百姓认为黑色代表不吉祥，所以一般节日不太喜欢用黑色的东西做装饰。　　　　　　　　　　　　　　　　　　　　　　　　（　　）
7. 中国人有时候喜欢用白色，有时候不用白色。　　　　　　　　（　　）
8. 过去的中国式婚礼喜欢用红色，现在也只用红色，不用白色。　（　　）
9. 中国人使用颜色时很谨慎，因为这往往代表着好兆头或坏运气。（　　）

Exercise Two: Analyzing Ideas

根据文章内容，选择正确的答案

1. 中国的股民喜欢用红色表示股票_____。

    A. 大涨　　　　　　　　B. 危险　　　　　　　　C. 下跌

2. 红色一般表示_____的意思时，不论是在西方还是在中国都差不多。

    A. 喜庆　　　　　　　　B. 危险　　　　　　　　C. 高兴

3. 中国民俗中不太喜欢黑色，是因为它有时候象征_____。

    A. 保守　　　　　　　　B. 不吉祥　　　　　　　C. 威严

4. 白色在中国人的心目中有不同的象征，它有纯洁的意思，也有_____的意思。

    A. 惨淡　　　　　　　　B. 危险　　　　　　　　C. 警告

5. 中国传统的婚礼上，新娘一定要穿红色的衣服，因为红色代表_____。

    A. 权力　　　　　　　　B. 吉祥　　　　　　　　C. 发财

Exercise Three: Synonyms

根据上下文的意思，找出句中加点词的同义词或它的意思

1. 在西方，红色一般表示危险、紧张、警告或提醒别人注意的意思。比如说经济出了问题用红色标记"赤字"。（　　）

    A. 大涨的数目　　　　　B. 支出大于收入的数字　　C. 下降的新义

2. 红色代表的引申义则有激情、坚强的意志等意思或跟自信、忠诚、财富相关。（　　）

    A. 更多的意思　　　　　B. 更好的解释　　　　　C. 引生出的新义

3. 现代社会中有时候也把白色服装视为高品味的审美象征。（　　）

    A. 价格和品质　　　　　B. 能力和水平　　　　　C. 品质和风味

4. 中国传统婚礼新房的布置和装潢也是要以红色为主，旧时的婚礼忌讳白色。（　　）

    A. 喜欢　　　　　　　　B. 避讳　　　　　　　　C. 讲究

5. 追求时髦的年轻人要学习西方，遵循传统的长辈却要奉行中国人求吉利的习惯。
   （　　）

   A. 照着说　　　　　　　B. 喜欢　　　　　　　C. 照着做

Exercise Four: Discussion Questions

讨论下面的问题

1. 根据这篇文章，中国人和西方人对颜色的使用有什么不同？为什么？
2. 请你谈谈中国人为什么喜欢红色。红色跟中国人的信仰有什么关系？
3. 黑色在中国人的理解和使用方面为什么有矛盾的地方？
4. 中国人为什么对白色的象征有不同的解释？
5. 现代中国人在婚礼上为什么有人会同时使用红色和白色？它们分别有着什么样的寓意？

第四课　过年·祝福

旧历年的除夕到了,我从遥远的京城回到了阔别多年的老家。

我在老家其实已经没有什么亲人了。故乡已经成了童年时期的一个远梦。离它很远的时候你想念它,可是回到它面前你却永远找不回童年的感觉,一切都变了样,变得那么没有诗意,那么让你失望。

要过年了,整个镇上家家都在忙着祭祀祖宗和庆贺新年的事,而我在故乡已经没有了家,我临时住在四叔家,感到孤独而且无聊。天已经黄昏了,我心中很郁闷。

到了过年的时节,镇上已经十分热闹了。人们开始做很多好吃的,香味儿飘满在空气中,街上到处都是爆竹声。傍晚,街上冷清了很多。我想出去走走。

刚一出门,忽然遇到了一个满头白发的瘦弱女人走到我跟前,眼睛直直地看着我。我想这是一个乞丐,准备给她一点儿零钱。可是没想到,她好像认识我,想和我说话。"你从京城回来了吗?你是有学问的人,去的地方又多。我正要问你一件事——"她那没有神采的眼睛忽然发光了。

我认出她来了,她是祥林嫂。祥林嫂曾经是一个年轻健壮的女人,她善良老实,安分勤快。没想到,仅仅几年不见,她竟变成了这个模样,头发全白了,像是一个年老的妇人。其实,她才仅仅四十多岁。祥林嫂执意要问我人死了以后有没有灵魂,人的灵魂会不会被送下地狱。我没想到这样一个无知的穷苦的女人竟会问这么深刻的问题,所以一时感到无法回答。

但祥林嫂的眼光很执着，同时还满含着期待。我不知道怎么回答才能让她满意，只好说："也许有吧。大概……我也说不清……"祥林嫂疑惑地慢慢离开了我。看到她的表情和动作都很异常，我有些担心，快过年了，我怕她会出什么事。我心里十分不安，一颗心时时收紧，时时忧虑，七上八下。

会出什么事呢？——我有些笑话自己太神经质，我并没说什么不好的话呀。更何况，我已经用"说不清"来把她糊弄过去了。

可是，到了晚上，我发现一切事情都变得好像有些不正常。大家的脸上都藏着某种神秘，心里也似乎很不高兴。我听到四叔在生气地嚷嚷着。最后，我从用人那儿得到了消息：原来是祥林嫂死了。

马上要过年了。过年是一年中最大的事。过年时人们最忌讳说"死""病"这样的字。祥林嫂为什么死了？她是怎样死的？我心里充满了疑惑，可是没有办法问出来。我知道，如果在过年的时候提到这些事，不但问不出来自己想知道的情况，四叔还会因为我不懂礼貌而生我的气，甚至赶我离开。

可是善良、温和、劳苦了一生的祥林嫂为什么偏偏在这个时候死了呢？祥林嫂一生的故事这时候忽然像电影一样一幕一幕地回放在我眼前。

祥林嫂并不是我们镇上的人。十多年前，她被人介绍到四叔家做女佣。那时候，她二十多岁，穿着很朴素的衣裳，身上还戴着孝。祥林嫂干活儿十分卖力，她几乎从来就不闲着。她要的工钱极少，而工作时比一个男人还能吃苦。有了她，家里的一切都收拾得干干净净、井井有条。很快，祥林嫂受到了大家的欢迎。

祥林嫂每天只是干活儿，几乎从来不说话。到了后来，人们才慢慢地知道了她的故事。祥林嫂住在大山里，她结过婚，丈夫春天得病死了，她家里有一个很严厉的婆婆。祥林嫂工作非常努力，我四叔家每到过年的时候都要多雇佣几个人，可是那年有了祥林嫂，她一个人干了几个人的活儿，而且干得又快又好，从不抱怨，人们都说她比男人还能干，四叔家这年就没再多雇人。

刚过完年，有一天，祥林嫂去河边洗东西时，忽然被停在河边的一条船上的人给强行带走了。原来，祥林嫂丈夫死后，她是自己偷偷跑出来做工的。她的婆婆知道以后，就带着船和人来把她带走了。祥林嫂的婆婆把她带走以后，很快就将她嫁出去了，然后用嫁祥林嫂的聘礼给她丈夫的弟弟娶了媳妇。

祥林嫂是被强行抬到那个遥远的山村去跟人结婚的。她哭闹着反抗、不愿意再婚，可是没有人帮她。在举行婚礼时，她想自杀，悲痛地把头撞在桌子上，撞了一个大洞，鲜血直流，可是最后还是被逼迫着服从了。

结婚后，据说祥林嫂生活过得不错，她生了个儿子，丈夫对她很好。可是没过多久，她丈夫不幸又得病死了，最不幸的是她的儿子在山里又被狼给咬死了。

祥林嫂又失去了一切。过了几年，她被人带到了我四叔家。

因为祥林嫂过去工作一直很努力，所以这一次四叔家又雇佣了她。可是没想到，这次她好像完全变了一个人。她变得经常忘事，干活儿也不像以前那样灵活了。一见到别人，她就向他们讲述孩子被狼咬死的故事。刚开始人们都同情她，为她的不幸遭遇掉眼泪，后来人们听多了就感到厌烦，不愿意再听她讲了。祥林嫂感到深深的悲哀，从此闭上了她的嘴巴。

又一个新年到了，人们忙着庆祝，四叔家照常忙着祭祀祖宗，做各种各样的食品。这应该是一年中最忙的时候，当然也是用人们最忙的时候。前些年，祥林嫂一个人能干几个人的活儿。今年祥林嫂也想大干一番。可是四叔家认为祥林嫂结过两次婚，是一个"不吉利"的女人，所以不让她做饭，担心她做的饭祖宗不愿意吃。祥林嫂知道了一切，她感到既羞辱又痛苦，心里难过极了。除了耻辱以外，祥林嫂还听别人说，她死了以后，她的两个死去的丈夫还会争抢她，阎王就要把她分成两半，分给两个男人。她从此害怕极了，这个坏消息像一场噩梦一样一直缠着她，使她不能安宁。

怎样才能洗掉自己的耻辱并躲掉被阎王分成两半的厄运呢？祥林嫂后来听别人说，如果她向庙里捐献一笔钱，买一个门槛让别人踩踏，就可以为自己赎罪，这样她就能和别人一样无忧无虑，变成一个新人了。于是，拼命地攒钱、向庙里捐赠门槛就成了祥林嫂一生中最大的一件事。为了这个梦想，她忍受一切，努力工作了一年。新年又快要到了，这一天是祥林嫂一生中最重要的日子——她终于攒够了钱，可以去庙里捐门槛了，从此以后，她就会成为一个新人了！

捐了门槛，祥林嫂像是变了一个人，她兴高采烈地回来了。回到家，看到所有人都在忙着过年的事情，她马上就跑去帮忙。可是万万没想到，四叔慌忙止住了她，还是不让她拿祭祀用的东西。

祥林嫂像遭到了雷击，一下子呆住了。她完全失神地站在那儿，像一根死了的树桩：我不是捐了门槛了吗？我不是成了新人了吗？为什么？为什么！这时祥林嫂才知道，她永远也逃脱不掉不幸的命运，她不管怎样努力也永远不能洗清自己。她，在别人眼里，永远是一个不吉利的"罪人"。

第四课 过年·祝福

祥林嫂慢慢地觉得自己生不如死，可是她又不敢贸然去死，怕死后被阎王分成两半……可怜的祥林嫂，她终于走了，在别人过年的欢乐的鞭炮声中，在别人新年的祝福声中。

不幸的祥林嫂，到底是谁害死了她？

根据鲁迅小说《祝福》改写

生词 Vocabulary

1. 阔别	kuòbié	动	to have not seen each other for a long time, to separate for a long time
2. 镇	zhèn	名	town
3. 临时	línshí	形	temporary, provisional
4. 郁闷	yùmèn	形	heavyhearted, melancholy, unhappy
5. 瘦弱	shòuruò	形	thin and weak, emaciated
6. 健壮	jiànzhuàng	形	healthy and strong, robust
7. 勤快	qínkuai	形	diligent, hardworking
8. 执意	zhíyì	副	persistently
9. 灵魂	línghún	名	soul, spirit
10. 地狱	dìyù	名	hell
11. 执着	zhízhuó	形	inflexible, punctilious
12. 期待	qīdài	动	to expect, to look forward to

13. 疑惑	yíhuò	动	to feel uncertain, to feel puzzled
14. 神经质	shénjīngzhì	名	nervousness, paranoid
15. 何况	hékuàng	连	much less, let alone
16. 糊弄	hùnong	动	to deceive, to fool
17. 偏偏	piānpiān	副	just, only
18. 幕	mù	量	measure word for film etc.
19. 戴孝	dài xiào		to be in mourning
20. 井井有条	jǐngjǐng-yǒutiáo		shipshape, methodical
21. 抱怨	bàoyuàn	动	to complain, to grumble
22. 反抗	fǎnkàng	动	to revolt
23. 灵活	línghuó	形	nimble, agile, flexible
24. 同情	tóngqíng	动	to sympathize with
25. 番	fān	量	time (measure word for acts)
26. 阎王	yánwang	名	Yama, King of Hell
27. 缠	chán	动	to twine, to tangle, to pester
28. 厄运	èyùn	名	adversity, misfortune
29. 捐献	juānxiàn	动	to donate
30. 门槛	ménkǎn	名	threshold
31. 赎罪	shú zuì		to atone for one's crime
32. 无忧无虑	wúyōu-wúlǜ		totally without worries
33. 兴高采烈	xìnggāo-cǎiliè		in high spirits, jubilant
34. 雷击	léijī	动	to be struck by lightning

| 35. 失神 | shīshén | 动 | to be inattentive, to be in low spirits |
| 36. 树桩 | shùzhuāng | 名 | stump, stub |

Exercise One: Remembering Details

细读本文，指出下列句子提供的信息是对的还是错的。如是错的，请改成正确的答案

1. 这个故事发生在京城。　　　　　　　　　　　　　　　　　（　　）
2. 祥林嫂是"我"家的女佣。　　　　　　　　　　　　　　　（　　）
3. 祥林嫂的家在偏远的大山里，她嫁过两个男人。　　　　　　（　　）
4. 祥林嫂的第二个丈夫对她不好，她的儿子也死了。　　　　　（　　）
5. 祥林嫂在四叔家第一次工作做得很好，第二次做得不好。　　（　　）
6. 人们认为祥林嫂的两个丈夫都死了，她是一个不吉利的女人。（　　）
7. 祥林嫂怕她的丈夫，所以她去捐门槛。　　　　　　　　　　（　　）
8. 祥林嫂失去了对生活的希望，所以她在除夕时死了。　　　　（　　）

Exercise Two: Analyzing Ideas

根据文章内容，选择正确的答案

1. 作者回老家临时住在_____。
   A. 祥林嫂家　　　　　B. 自己的家　　　　　C. 亲戚家
2. 祥林嫂执意问人死了以后有没有灵魂，是因为她_____。
   A. 善良老实　　　　　B. 想捐门槛　　　　　C. 害怕地狱

3. 四叔后来不喜欢祥林嫂是因为她_____。

　　A. 年龄太大　　　　B. 不好好儿干活　　　C. 是"不吉利"的女人

4. 祥林嫂的婆婆把她抢走嫁掉是因为_____。

　　A. 需要钱　　　　　B. 不喜欢祥林嫂　　　C. 不喜欢四叔家的人

5. 这篇文章作者主要是控诉和批判_____。

　　A. 四叔　　　　　　B. 祥林嫂　　　　　　C. 黑暗的现实

Exercise Three: Synonyms

根据上下文的意思，找出句中加点词的同义词或它的意思

1. 旧历年的除夕到了，我从遥远的京城回到了阔别多年的老家。（　　）

　　A. 很有钱的　　　　B. 长久分别的　　　　C. 离开很远的

2. 祥林嫂执意要问我人死了以后有没有灵魂，人的灵魂会不会被送下地狱。（　　）

　　A. 坚持　　　　　　B. 同意　　　　　　　C. 有意

3. 祥林嫂的眼光很执着，同时还满含着期待，我不知道怎么回答才能让她满意。（　　）

　　A. 希望　　　　　　B. 目的　　　　　　　C. 鼓励

4. 我有些笑话自己太神经质，我并没说什么不好的话呀。（　　）

　　A. 身体不舒服　　　B. 自以为是　　　　　C. 太紧张

5. 可是善良、温和、劳苦了一生的祥林嫂为什么偏偏在这个时候死了呢？（　　）

　　A. 有意　　　　　　B. 正好　　　　　　　C. 偏远

6. 她完全失神地站在那儿，像一根死了的树桩。（　　）

　　A. 丢失　　　　　　B. 不高兴　　　　　　C. 失色

Exercise Four: Discussion Questions

讨论下面的问题

1. 作者回到了童年时的老家，为什么感到"孤独而且无聊"？

2. 祥林嫂为什么关心死后的世界？她为什么要问作者灵魂和阎王等问题？

3. 祥林嫂的死为什么引起了作者思想上那么大的震动？作者是怎样表达他对祥林嫂的死的关切和悲伤的？

4. 祥林嫂在四叔家做了两次用人，但她两次的工作情况和人们对她的评价不一样，为什么？

5. 祥林嫂第二次回来后，四叔家为什么过年时不让她干活儿？

6. 祥林嫂为什么怕过年？为什么捐门槛以后四叔仍不让她在过年时帮忙？为什么她听到后"像遭到了雷击"？

7. 你认为到底是谁害死了祥林嫂？

第五课　纽约的鬼节游行

一位美国朋友告诉我，不管你在纽约住过多久，如果你没看过纽约的鬼节游行，你就不能算是一个真正的纽约人。

纽约的鬼节游行为什么这么重要？它是怎么来的呢？原来，"鬼节"真正的名字叫万圣节，它发源于欧洲中世纪。在古代的英国，爱尔兰人和其他民族的人为了驱除妖魔鬼怪，选定这一天燃烧篝火并念经施法，乞求神的保佑，因此，这一天又被叫作烟火节。后来爱尔兰人把它引入美国，经过发展演变，这个节日变成了一个非宗教性的纵情玩闹的节日，甚至在玩闹时还会发生一些恶作剧，如化妆串门、吓唬人，孩子们到各家强行索要糖果，有时候还有坏人会趁机闹事、砸东西、抢东西甚至放火等。所以鬼节在前些年会让人有些生畏。

最近几年，纽约的社会秩序相当安定，所以大家又开始喜欢谈论鬼节、参加鬼节游行了。美国的鬼节和中国的鬼节很不一样。美国的鬼节一点儿也不庄严，也不注重祭祀，更没什么纪念意义，它纯粹就是玩闹和游戏。这个节日最能反映出美国人的自由化和想象力，反映出他们的童心。所以在美国，鬼节是最有意思、最热闹以及最老少咸宜、皆大欢喜的节日。

除了热闹，纽约的鬼节还有着浓厚的商业气息。还没到鬼节，各个商店的橱窗里已经摆满了各种各样鬼怪丑陋的面具以及其他装扮。到了鬼节那天，孩子们最快乐。他们提着用南瓜做成的灯到各家讨要糖果，他们一边走，还一边喊着"Trick or Treat"。如果讨不到糖，有些淘气的孩子真的就会"不给糖，就捣蛋"。

纽约人为什么对鬼节游行那么骄傲呢？据媒体报道，纽约的鬼节游戏是独一无二的。因为美国的感恩节游行或圣诞节游行都是政府参与组织以及大量商业机构赞助的。但鬼节游行则纯粹由民间发起、老百姓自己组织的。他们自己出钱，自己装扮，主动参与。

记得有一年，鬼节那天，我早早地就去游行的地方了。那儿早已是人山人海，大家久盼鬼而鬼不来，已经等得有些疲倦了。忽然间我觉得天地间有些异样，一阵怪异的音乐声使我毛骨悚然。我定下神来一看，那场景好像地狱的看门人打了个盹儿，趁他不注意时所有鬼怪都逃到了人间。原来，游行的组织者很懂心理学，他们故意让人们久久地等待，然后在你没有心理准备的时候突然出现，这样更强烈地增加了恐怖和娱乐的气氛。

只见游行队伍里什么样的鬼都有：有巨大无比的鬼，有浑身是血的鬼，有浓妆艳抹的鬼，甚至还有可怕的无头鬼。总之，男鬼女鬼老鬼少鬼都有。突然，人群中出现了一双巨大的骷髅手直往人们头上伸，吓得有人当场逃走，女人和孩子则大声地尖叫着。所有的鬼演得都很投入，天上飞的、地上爬的，龙腾虎跃，热闹非凡。纽约鬼节游行最大的特点就是，鬼怪们特别喜欢与观众互动，而互动的方式就是吓唬他们。有的鬼装得像极

43

了，他们看上去很严肃，根本不笑，装扮得栩栩如生。由于各种鬼怪扮得太恐怖了，所以有时会让人害怕，不知道他们到底是真鬼还是假鬼。

鬼节不仅是孩子们的节日，也是成年人和老年人的节日。鬼节是一种最自由的表演，它光怪陆离，无奇不有，这正符合美国人的性格特点，他们喜欢新鲜刺激，喜欢跟别人开玩笑。美国人童心很重，遇到孩子们的节日，大人往往比孩子闹得还欢。在鬼节游行队伍里，大人的数量远比孩子多，孩子的数量甚至少于白发老人的数量。

值得一提的是，鬼节游行虽然是民间组织的，但是它秩序井然，游行内容虽五花八门，看上去很乱，但乱中有序，队伍始终保持着热烈的气氛和良好的纪律。难能可贵的是，除了鬼节游行纯粹是靠民间赞助以外，游行前还有专人沿街募捐，他们募捐的主要目的是为了教育，为了孩子，也为了帮助无家可归的人。可见，善良的纽约人即使在玩闹时也拥有一颗温暖的心。

生 词　　Vocabulary

1. 中世纪	zhōngshìjì	名	Middle Ages, medieval
2. 妖魔	yāomó	名	evil spirit, monster
3. 施法	shī fǎ		to conjure
4. 纵情	zòngqíng	副	as much as one likes
5. 串门	chuàn mén		to drop in on sb., to drop around
6. 强行	qiángxíng	副	forcibly
7. 索要	suǒyào	动	to ask for
8. 生畏	shēngwèi	动	to fear

9. 童心	tóngxīn	名	childishness
10. 老少咸宜	lǎoshào-xiányí		suitable for both young and old
11. 丑陋	chǒulòu	形	ugly
12. 赞助	zànzhù	动	to support, to assist
13. 异样	yìyàng	形	unusual, peculiar
14. 毛骨悚然	máogǔ-sǒngrán		thrillingness, gruesomeness
15. 打盹儿	dǎ dǔnr		to doze, to take a nap
16. 心理学	xīnlǐxué	名	psychology
17. 恐怖	kǒngbù	形	fearful, horrible, terrible
18. 浓妆艳抹	nóngzhuāng-yànmǒ		with heavy makeup
19. 骷髅	kūlóu	名	human skeleton, human skull
20. 龙腾虎跃	lóngténg-hǔyuè		a scene of bustling activity
21. 吓唬	xiàhu	动	to frighten, to intimidate
22. 严肃	yánsù	形	serious
23. 栩栩如生	xǔxǔrúshēng		lifelike
24. 光怪陆离	guāngguài-lùlí		bizarre, fantastic
25. 秩序	zhìxù	名	order, sequence
26. 井然	jǐngrán	形	orderly, methodical

专 名　Proper Nouns

1. 万圣节	Wànshèng Jié	Halloween
2. 爱尔兰	Ài'ěrlán	Ireland

Exercise One: Remembering Details

细读本文，指出下列句子提供的信息是对的还是错的。如是错的，请改成正确的答案

1. 鬼节是美国人创造的，它对欧洲人有很大的影响。　　　　　　　（　　）
2. 鬼节的时候，有人故意搞恶作剧，甚至有时会有坏人趁机闹事。　（　　）
3. 美国的成年人和老人喜欢鬼节，孩子们不喜欢。　　　　　　　　（　　）
4. 鬼节游行时，游行的鬼迟到了，大家都等累了，很不高兴。　　　（　　）
5. 纽约鬼节最大的一个特点是它是老百姓自发组织和参与的。　　　（　　）
6. 纽约鬼节游行有各种各样的鬼，可是没有女鬼。　　　　　　　　（　　）
7. 因为鬼节是民间自己组织的，所以秩序不太好。　　　　　　　　（　　）

Exercise Two: Analyzing Ideas

根据文章内容，选择正确的答案

1. 美国人认为，如果没看过鬼节游行就_____。
   A. 不应该住在纽约　　　B. 不是真正的纽约人　　　C. 不了解纽约

2. 纽约的鬼节来源于中世纪_____。
   A. 纽约人　　　　　　　B. 英国人　　　　　　　　C. 爱尔兰人

3. 纽约的鬼节一点儿也不庄严，但它重视_____。
   A. 祭祀　　　　　　　　B. 纪念　　　　　　　　　C. 玩闹

4. 纽约的鬼节游行是_____。
   A. 政府组织的　　　　　B. 有商业机构赞助　　　　C. 民间发起的

46

5. 纽约鬼节游行是_____。

    A. 孩子们的节日　　　　B. 最自由的表演　　　　C. 商业性节日

6. 纽约鬼节游行有人募捐是为了_____。

    A. 帮助下一次游行　　　B. 帮助老年人　　　　　C. 教育和帮助无家可归的人

Exercise Three: Synonyms

根据上下文的意思，找出句中加点词的同义词或它的意思

1. 经过发展演变，这个节日变成了一个非宗教性的纵情玩闹的节日，甚至在玩闹时还会发生一些恶作剧，如化妆串门、吓唬人，孩子们到各家强行索要糖果。（　　）

    A. 破坏别人的门　　　　B. 在门前打闹　　　　　C. 去别人家

2. 鬼节在前些年会让人有些生畏。（　　）

    A. 不高兴　　　　　　　B. 害怕　　　　　　　　C. 激动

3. 在美国，鬼节是最有意思、最热闹以及最老少咸宜、皆大欢喜的活动。（　　）

    A. 老人孩子都不喜欢　　B. 老人孩子都适合　　　C. 老人孩子都感兴趣

4. 据媒体报道，纽约的鬼节游行是独一无二的。（　　）

    A. 唯一的　　　　　　　B. 奇怪的　　　　　　　C. 无聊的

5. 他们故意让人们久久地等待，然后在你没有心理准备的时候突然出现，这样更强烈地增加了恐怖和娱乐的气氛。（　　）

    A. 胡闹　　　　　　　　B. 害怕　　　　　　　　C. 热闹

6. 有的鬼装得像极了，他们看上去很严肃，根本不笑，装扮得栩栩如生。（　　）

    A. 看上去恶心　　　　　B. 看上去像真的一样　　C. 看上去没意思

7. 鬼节是一种最自由的表演，它光怪陆离，无奇不有。（　　）

    A. 多种多样　　　　　　B. 千奇百怪　　　　　　C. 五光十色

8. 鬼节游行虽然是民间组织的，但是它秩序井然。（　　）

    A. 突然　　　　　　　　B. 很乱　　　　　　　　C. 整齐

Exercise Four: Discussion Questions

讨论下面的问题

1. 人们为什么那么喜欢纽约的鬼节？它有什么特色？

2. 纽约人为什么对鬼节游行那么骄傲呢？请谈谈作者的感想。

3. 作者是怎样描写纽约鬼节游行的？作者是怎样使用气氛描写的？这样描写有什么好处？

4. 作者是怎样给文章结尾的？这样的结尾有什么特色？

2 单元 中国古代神话和传说

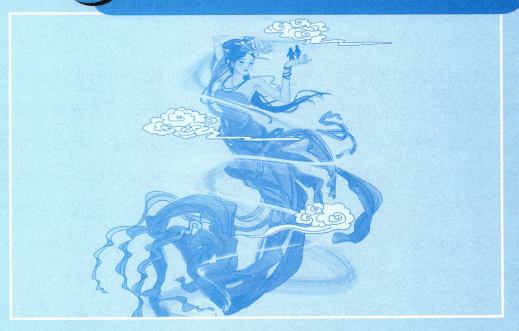

预习提示：

1. 你听说过中国古代神话和传说吗？根据课文，请介绍一下儿中国古代神话和传说是怎样产生的。

2. 为什么说中国古代神话是了解中国古人信仰和生活的一部百科全书？中国神话有哪些分类和内容？请举例说一下儿。

3. 中国古代神话传说对中国人的生活有着什么样的影响？中国老百姓为什么喜欢它们？

第六课　中国古代神话和传说

神话是古代民间文学的一种形式。它一般用故事的形式讲述古人对世界和人类由来的认识，以及宗教、历史、人类社会形成的原因。当然，神话也讲述大自然的形成、民间信仰以及其他传奇故事等。神话故事往往表达了古人对上述话题的想象和解释，是人类企图认识自然、控制自然的一种精神活动。神话差不多是世界上所有民族和文明拥有者自己创造的关于他们认识世界的最早记录。所以，要想了解一个民族文化的发生和发展，人们往往要先了解这个民族的神话和传说中表达出来的民族意识。

神话是怎样产生的呢？在原始社会，人们的生存能力和劳动能力都很差，他们对大自然和自己的生老病死等基本问题都不能理解，更缺乏对整个世界的认识。因此，那时人们觉得这个世界上发生的一切都不可知，也不可控制。那么，对大自然和身边发生的种种事情怎么解释呢？人们就想象着宇宙间肯定有一种神秘的力量创造了世界并且控制它，这个力量就是神。有了"神"的概念，古人就构想了神和人以及世界是怎么来的、神跟自然和人类的关系等问题，古人就开始根据自己的理解编造了神的故事，这样的故事就叫神话。

随着人类社会的发展，这样的故事越来越多。后来，神话在老百姓中间不断流传，同时不断被加进新的内容，这些新增加的内容渐渐变成传说。传说不仅丰富了神话的内容，而且又创造了很多不同时代、不同民族的新故事。再后来，古代神话和传说慢慢地融合在一起，形成了自己的系统。在神话和传说时代，人类还没有发明文字，它们就通过人们的口头一代一代地流传了下来。

中国古代文明的历史非常悠久，所以中国早在远古时代就有了神话传说。在以后发展的几千年里，中国神话传说的内容在不断丰富。这些神话传说记录了中国古人对宇宙和世界的了解，也记录了他们对人类起源和人类社会来源的认识和思考。更加可贵的是，中国古代神话里还记载了古人传说中的历史、中国远古宗教和人文知识的起源、中国古老的民间信仰和古代工具的发明，以及人们日常生活中的很多知识。中国古代神话传说成了我们今天研究中国古代文明并了解中国古人信仰和生活的一部百科全书。

总的来讲，中国古代神话和传说的内容非常丰富，它主要包含以下几个方面的内容：上古时期中国人关于世界的起源和创造；中国人的始祖和文明；人类如何战胜自然；人类的发明及创造；富有浪漫主义精神的传奇内容等。

中国最早的神话是关于创造世界的神话。这里面以盘古系列神话为代表。跟世界其他文明关心的话题一样，中国古人最关心世界是怎么来的，于是他们根据自己的理解创造了混沌宇宙和盘古开天辟地的神话。在这个神话中，他们解释了天地的始祖是盘古，他开辟并创造了世界，同时也创造了世间万物。神话中是这样描述的：很久很久以前，天地没有分开，宇宙一片混沌，有个叫盘古的巨人在混沌中沉睡了很多很多年。有一天他醒了，他见周围一片黑暗，就抡起斧头把混沌的宇宙劈成了两半，轻而清的东西缓缓上升，变成了天；重而浊的东西慢慢下降，变成了地。盘古的眼睛变成了太阳和月亮，四肢变成了大地的东、西、南、北四极，他的声音化作隆隆的雷声，他的血液化成了奔流不息的江河……

中国古代神话的另一大主题是关于人类始祖和由来的，比如中国的始祖女神女娲造人的故事：盘古开天辟地以后，天上有了太阳、月亮，地上有了山川树木，但是没有人。只有有了人，这个世界才有意义。不知什么时候，出现了一个神通广大的女神，叫"女娲"，女娲用黄泥捏出了很多小人，从此人类产生了。传说女娲不仅创造了人类，还拯救了人类。因为在她那个时代，天塌下来了，人类要遭受巨大的灾难。女娲努力炼石补天，她补好了天，也拯救了人类。所以中国古人认为她是人类最伟大的母亲。

中国古代神话的第三大类主题是关于人类战胜自然的故事。在世界历史上，可能真的有过一个大洪水时期，因为几乎全人类的神话故事里都描写过大洪水。中国古代神话中也有很多关于治水的故事。远古时期，经常有各种各样的灾难。女娲补好了天以后，地上却又出现了大洪水，淹死了很多人，也淹没了庄稼，人们饱受灾难之苦。当时有一个名叫鲧的神看到老百姓这么可怜，为了救助人类，他就去治水。可是他没有成功。他的儿子禹继续帮人们治水，经过艰苦的奋斗，禹用自己的智慧终于征服了洪水。鲧禹治水的故事流传了几千年，人们永远感激这对父子，纪念着这两位治水英雄。除了治水，这一类神话还有羿射九日等故事。它们都是古人抗水抗旱、跟大自然作斗争的故事，这些故事都是人们渴望战胜大自然的美好愿望的写照。

中国古代神话的第四类主题是关于人类发明创造的故事。这一类故事很多，包括教人们建造房子、使人类摆脱了居无定所的有巢氏，钻木取火、教人吃熟食的燧人氏，教人耕田种地、亲自尝试各种草药替人治病的神农氏，为记录人类文明而创造了文字的仓颉，等等。这些天神或发明者都用自己的努力帮助人类，使人类的生活更美好，所以后人永远纪念着他们。在古代神话传说中，还有创造陶器、渔网、纺织技术等的神；还有著名的工匠大神鲁班。鲁班帮助人们创造了很多种工具和家具，让人们的日常生活变得更方便、更舒适。但根据记载，历史上真的有鲁班这个人，只是老百姓太感激他了，就在传说中把他敬成了神。从鲁班这个故事里，我们也可以看出，古代中国有的神话是有现实生活基础的。

中国古代神话传说的另一个类别是有着美好的浪漫主义精神的素材。在几千年中国神话创造和传播的历史中，很多有名的神话故事都寄托了中国古代劳动人民美好的愿望、理想以及爱与恨的感情色彩。它们代表了中国老百姓的美学追求和价值判断，是鼓舞人民、教育人民的宝贵内容。这一类神话故事往往有着积极的启发作用。其中比较有名的包括"愚公移山""精卫填海""夸父逐日""刑天舞干戚""嫦娥奔月""牛郎织女""天仙配""钟馗（kuí）捉鬼"等神话故事。

这一类神话故事虽然内容简单，但它们都包含着很深的寓意。"愚公移山"说的是不要放弃自己的目标，不管遇到什么困难，只要努力就有胜利的希望。"精卫填海"用一只小小的精卫鸟勇敢复仇的故事，赞扬了不畏艰难、永不屈服的意志力。"夸父逐日""刑天舞干戚"等故事也表达了古人敢于向强者挑战的精神。"牛郎织女""嫦娥奔月"则传达了古人理想的爱情以及为爱情作出牺牲、追求美好生活的愿望。另外，中国古代神话传说中还有很多神仙到民间惩恶扬善的故事。因为那时社会黑暗，穷人常常受欺负，当官的人和恶人常常得胜。老百姓吃了亏，往往把希望寄托在神仙和英雄身上，希望他们能够帮助自己惩罚恶人。这样的神话传说故事会让老百姓得到很大的安慰，所以也就容易流传下来。

除了上面这些内容以外，中国古代神话传说中还记载保留了很多古人掌握的其他方面的知识。比如《山海经》《水经注》等著作里记载了古人关于历史、地理、气候、动植物等大量的知识。另外，在《淮南子》《史记》等书中也记载了很多传说中的历史和人物。而在《诗经》《楚辞》等著作里记载的神话传说都成了后来中国文学最早的宝库。

中国古代神话传说的另一个重要特点是传播广泛。古时候中国没有现在这样的学校，老百姓很难受到正规的学校教育，这些神话传说就成了人们的知识来源。另外，有的古代神话传说后来跟中国的原始宗教和民间信仰混为一体，成了普及宗教知识的工具。比如，有些神话故事中的内容与从印度传入中国的佛教（如菩萨变身、轮回转世）、中国本土宗教道教（如门神、灶神和八仙的故事）中的内容相结合，最后转化成了民间信仰、生活习俗等。

总的来讲，古代的神话一般都有悠久的历史。神话和传说大都在人类还没有发明文字之前就通过口头传播和发展了。发明了文字以后，人们把这些神话传说故事记录到书中，它们就成了世界上很多民族对自己的文明和文化起源的最早记录。这些神话传说的内容对我们了解世界上的文明和各个民族文化的源头和发展是很有意义的。

生词 Vocabulary

1. 神话	神話	shénhuà	名	古代关于神仙或神化的英雄的故事，表达古人对自然和人类各种现象的解释和向往 myth
2. 由来	由來	yóulái	名	原因，从发生到现在 origin

3. 信仰	信仰	xìnyǎng	名|动	相信并奉为准则的主张、原则等；对某种主张或宗教等相信和尊敬 belief; to believe
4. 传奇	傳奇	chuánqí	名	情节内容很不平常的故事 legend, tale
5. 上述	上述	shàngshù	形	上面说的 above-mentioned
6. 拥有者	擁有者	yōngyǒuzhě	名	具有……的人 owner, possessor
7. 传说	傳說	chuánshuō	名	从古代传下来的说法、故事 legend
8. 原始社会	原始社會	yuánshǐ shèhuì		历史上最早的社会 primitive society, primitive communes
9. 控制	控制	kòngzhì	动	掌握、支配，使不能自由活动 to control, to dominate
10. 宇宙	宇宙	yǔzhòu	名	包括地球和一切星球的天体 universe
11. 构想	構想	gòuxiǎng	动|名	思考设计，构思；形成的想法 (of writers or artists) to work out the plot of a literary work or the composition of a painting, to design; idea, conception
12. 编造	編造	biānzào	动	用想象来创造 to make up, to invent, to fabricate
13. 流传	流傳	liúchuán	动	传下来或扩散 to spread, to circulate
14. 融合	融合	rónghé	动	几种不同的事物合为一体 to mix together
15. 系统	系統	xìtǒng	名	按一定方式组织和安排的一个整体 system
16. 口头	口頭	kǒutóu	形	用嘴说的，没有记录的 oral, verbal

17. 记载	記載	jìzǎi	动	记录，写下来 to keep a record of, to record
18. 人文	人文	rénwén	名	关于人的，关于人类文明和精神的 humanity
19. 百科全书	百科全書	bǎikē quánshū	名	包括各种各样知识的工具书 encyclopedia
20. 始祖	始祖	shǐzǔ	名	最早的祖先 earliest ancestor, first ancestor
21. 浪漫主义	浪漫主義	làngmàn zhǔyì	名	文学和艺术的一种创作方法，喜欢想象美好神奇的情节内容 romanticism, romantism
22. 系列	系列	xìliè	名	相关联的成组的事物 series
23. 混沌	混沌	hùndùn	名	传说天地未开前那种阴阳不分的模糊状态 the chaotic world in prehistoric times, chaos
24. 开天辟地	開天辟地	kāitiān-pìdì		宇宙开始或有史以来 when heaven was separated from the creation of the world, since the dawn of history
25. 拯救	拯救	zhěngjiù	动	救助，援助 to save, to rescue
26. 塌	塌	tā	动	倒下 to collapse, to fall down
27. 炼	煉	liàn	动	烧，使融化在一起 to temper with fire, to smelt
28. 洪水	洪水	hóngshuǐ	名	暴涨的大水 flood
29. 淹	淹	yān	动	被水盖过，淹没 to be flooded, to submerge
30. 征服	征服	zhēngfú	动	用武力或强力使屈服 to conquer

31. 旱	旱	hàn	形	缺水，长时间没降水 drought, dry spell
32. 写照	寫照	xiězhào	名	描写或刻画的事物或时代 portrayal, portraiture
33. 陶器	陶器	táoqì	名	用土烧制成的器物 earthenware, pottery
34. 渔网	漁網	yúwǎng	名	捕鱼的工具 fishing net, trammel
35. 纺织	紡織	fǎngzhī	动	把丝、麻、棉、毛等材料做成线和布 to spin, to weave
36. 工匠	工匠	gōngjiàng	名	手艺工人 craftsman, artisan
37. 家具	傢具	jiājù	名	家庭用具，如桌、椅、床、沙发等 furniture
38. 类别	類別	lèibié	名	不同的分类、种类 sort, category
39. 素材	素材	sùcái	名	文学和艺术作品的原始材料 source material (of literature and art), material
40. 传播	傳播	chuánbō	动	广泛散布，广泛宣扬 to disseminate, to spread, to propagate
41. 美学	美學	měixué	名	研究美和艺术的学问 aesthetics
42. 追求	追求	zhuīqiú	动	为了达到某种目的而努力 to pursue, to chase
43. 判断	判斷	pànduàn	动	通过思考和比较来做决定 to judge
44. 启发	啟發	qǐfā	动	不直接说道理，用劝说、引导提示的方法让别人明白 to enlighten, to stimulate

45. 放弃	放棄	fàngqì	动	扔掉，丢掉　to abandon, to give up
46. 复仇	復讎	fù chóu		对敌人进行报复和打击　to revenge, to avenge
47. 屈服	屈服	qūfú	动	在外来压力下放弃斗争、低头认输　to surrender, to yield
48. 挑战	挑戰	tiǎo zhàn		激怒对方来打仗，主动要跟对方比赛　to challenge
49. 牺牲	犧牲	xīshēng	动	为了正义的事业献出生命，为达到某种利益和目的而付出代价　to sacrifice
50. 惩恶扬善	懲惡揚善	chéng'è-yángshàn		处罚坏的思想和行为，赞扬好的思想和行为　praising virtue and punishing vice
51. 安慰	安慰	ānwèi	动|形	使人满足；心情舒适的　to comfort, to console; comfortable
52. 保留	保留	bǎoliú	动	保存起来，留下来　to keep, to retain
53. 地理	地理	dìlǐ	名	地球上的自然环境和社会经济等情况的科学　geography
54. 宝库	寶庫	bǎokù	名	藏珍宝的地方　treasury, treasure-house
55. 广泛	廣泛	guǎngfàn	形	范围大，涉及面很广的　extensive, wide-ranging
56. 普及	普及	pǔjí	动	传播、推广，让很多人知道　to popularize, to disseminate
57. 菩萨	菩薩	púsà	名	佛教的神明，泛指佛和某些神　Bodhisattva

58. 轮回转世	輪廻轉世	lúnhuí zhuǎnshì		佛教名词。指生命在不同的存在领域里变化它的形态。佛教认为人死后根据他们生前做的善恶来决定他们是上天界、人间、地狱还是变成动物等的一种说法 metempsychosis, transmigration
59. 习俗	習俗	xísú	名	习惯和风俗 custom, habitude

专名 Proper Nouns

1. 盘古	盤古	Pángǔ	中国神话中开天辟地的神，传说他死后身体变成了天地万物 Pangu, is the first living being and the creator of the universe in Chinese mythology.
2. 女娲	女媧	Nǚwā	中国上古神话中的创造神，她用黄土造人并建立了婚姻和社会制度。在天地遭受灾难时，她还炼石补天，救助人类 Nüwa, is the mother goddess of Chinese mythology. She is credited with creating mankind and repairing the Pillar of Heaven.
3. 鲧	鯀	Gǔn	中国上古神话传说中，鲧是大禹的父亲，他治理大洪水救了很多人，但最后治水失败被杀 Gun, mythical father of Yu the Great, who tamed the floods at first, and then he was killed because he failed to prevent floods.
4. 禹	禹	Yǔ	中国古代神话中的治水英雄 Yu the Great, also known as Yu that controls the flood, was a legendary ruler in ancient China who was famed for his introduction of flood control.

5. 有巢氏	有巢氏	Yǒucháoshì	中国神话传说中的人物，传说他教先民构筑巢穴，免受野兽侵害，从此人民开始有了住处　Youchao Shi, is the inventor of houses and shelters for humans, according to China's ancient mythology.
6. 燧人氏	燧人氏	Suìrénshì	中国古代发明钻木取火、教人熟食的神话人物　Suiren Shi, legendary inventor of fire, appears in Chinese mythology and some works which draw upon it. He is credited as a culture hero who introduce humans to the production of fire and its use for cooking.
7. 神农氏	神農氏	Shénnóngshì	中国古代神话传说中的农业神。传说他发明并教导人民农耕和治病，被尊为农业医药的发明者和守护神　Shennong Shi, which can be variously translated as "Divine Peasant" "Agriculture God" and also known as the "Medicine God", is a mythological Chinese deity in Chinese folk religion.
8. 仓颉	倉頡	Cāngjié	中国神话传说中的人物，相传是汉字的创造者和黄帝的史官　Cangjie is a legendary figure in ancient China, claimed to be an official historian of the Yellow Emperor and the inventor of Chinese characters.

习惯用语和特殊表达用语

1. 生老病死：佛教认为"生、老、病、死"是人生的四苦，今泛指人的一生中要经历的种种事情。

（1）生老病死是自然界的规律，没有人会长生不老、一辈子无病无灾。

（2）你别太担心了，生老病死是人之常情，如果遇到困难，我们不要轻易放弃，更不要被困难吓倒。

2. 浪漫主义：指思想或文学艺术上的一种创作手法，常运用丰富的想象或夸张的手法；也指一种充满理想、富有诗意和昂扬向上的精神状态。

　　（1）在文学和艺术领域，世界各国都有着很多优秀的浪漫主义作品，几千年来，这些作品受到了全世界人民的喜爱和欢迎。

　　（2）我觉得你的想法有点儿太浪漫主义了。虽然你写的小说看上去很美，但是故事情节太离奇、太不符合实际了，我觉得不太可信。

3. 开天辟地：神话传说中盘古开天辟地以后才有了世界，因此"开天辟地"指宇宙开始或有史以来；还可以强调一件事发生的意义非常重大。

　　（1）在中国神话里，传说是盘古开天辟地创造了我们这个世界；在别的民族的神话里，也有这样类似开天辟地的传说故事。

　　（2）改革开放是中国开天辟地的一件大事。

4. 惩恶扬善：对坏的、邪恶的人或事进行惩罚，对好的、善良的人或事进行赞扬和支持。

　　（1）他清明正直，惩恶扬善，是个人人尊敬的好官。

　　（2）人们喜欢这部电影的一个重要原因是它表达了惩恶扬善这个主题，它用这个故事告诉我们，好人最后会有好的结局，而坏人都会受到应有的惩罚。

5. 宝库：指储藏珍贵物品的地方，常常用来比喻丰富的资源或材料等。常用的搭配有"文学宝库""艺术宝库""思想宝库"等。

　　（1）这位研究希腊艺术的学者说，他非常喜欢读希腊神话方面的书，他认为希腊神话是希腊艺术创作的来源和宝库，希腊神话对他的研究很有帮助。

（2）有人认为德国的神话和民间故事是产生现代德国文学的宝库，如果不了解它们，就很难理解德国文学的本质。

6. 轮回转世："轮回"在佛教中指有生命的东西永远像车轮一样在天界、人间、地狱等范围内循环转化。"转世"指人或动物死后，投胎成为另一个人或动物等。"轮回转世"是佛教对一个人的前生、今生和来生的解释。它认为一个人的行为不仅会影响到自己的现在，也会影响自己的未来。它劝告人们要积德行善，为了自己的现在和未来的平安多做善事，不做坏事。

（1）在古代，很多中国老百姓都相信轮回转世的佛教说法。人们相信，不管生活多么困苦、不管受到什么委屈，都应该忍受，坚持做好事不做坏事，因为人的一生是前世注定的。

（2）基督教跟佛教的想法和理念不一样，在基督教里没有关于轮回转世的说法和解释。

7. 口头传播：不是通过政府或正规的方式发布，也不是用文字或文件的形式来公布，而是通过老百姓或者民间互相转告、互相传送的方式来流行和发表的。

（1）人类文明史上曾经经历过一个相当长的没有文字的历史阶段。在那个时期，世界上的各个民族的早期神话、劳动知识，甚至道德法律等条款都是通过口头传播的。

（2）中国最早的诗歌是通过口头传播的，其中有的诗歌甚至用这种形式流传了几百年，最后才被记载了下来。

句型和词语操练

- 信仰

  1. 在任何时候，你都不能放弃自己心中的那份信仰。

  2. 不管你信仰什么，你都应该_____
  _____。

  3. 虽然他对所有的哲学思想都感兴趣，可是_____
  _____。

- 构想

  1. 有了"神"的概念，古人就构想了神和人以及世界是怎么来的、神跟自然和人类的关系等问题。

  2. 关于这部小说的结局，我有两个构想，但是_____
  _____。

  3. 你提出来的这个构想_____。

- 流传

  1. 像"盘古开天地""女娲炼石补天"这样的神话在中国几乎是家喻户晓，它们在中国已经流传几千年了。

  2. A：为什么西方的很多绘画和雕塑作品中有那么多希腊神话里的神的形象？

     B：_____。

  3. 法国小说家雨果的小说《悲惨世界》（Les Misérables）被改编成电影、歌剧和百老汇演出等，_____。

- 融合

    1. 佛教从印度传入中国以后，又融合进了很多中国人的思想和文化习俗，所以它受到了中国老百姓的崇拜和信从，在中国很快就发展起来了。

    2. 世界上很多神话传说往往不只是故事，它们也_____。

    3. 很多美国哲学家的观点并不仅仅是他们自己的想法，而是_____。

- 征服

    1. 在中国古代神话传说中，大禹父子两代人经过了艰苦的努力，最后终于征服了洪水，让人们不再受到洪水的迫害。

    2. 有人说，要是用武力去征服一个人的心很难做到，但是用爱去征服却很容易，这是因为_____。

    3. 世界上的每个民族都有自己的信仰和传统，_____。

- 素材

    1. 中国神话和传说里有很多美好的素材，它们成了中国文学家和艺术家寻找创作材料的宝库。

    2. 据我所知，这本小说的素材取自_____。

    3. 我们的生活中充满了美的素材，只要_____。

- 传播

    1. 这本小说后来被改编成了电影并得了奖，所以它不仅在国内有名，而且被传播

第六课　中国古代神话和传说

到了国外，很多外国朋友都知道它。

2. 除了神话传说可以传播以外，_____
_____。

3. A：我竟然不知道，真是太可笑了，这个传播了很长时间的新闻竟是一条假新闻！

　　B：所以，_____。

- **追求**

1. 追求幸福美好的生活是全世界人民的共同心愿，凡是爱好和平的人都希望大家互相关爱、共同富裕。

2. 一个人不能没有生活目标，但是他/她所追求的目标_____
_____。

3. 凡是对生活有追求的人_____
_____。

- **启发**

1. 他说的话虽然不完全对，可是对我却有很大的启发。

2. 虽然这种思想今天已经没有多少人相信了，_____
_____。

3. 这虽然只是一个儿童故事，_____
_____。

- **挑战**

1. 中国古代神话故事里有很多惩恶扬善和挑战恶势力的故事，这些故事很鼓舞人，也给了我们很多启发。

2. 我刚才问他的目的其实只是想搞清楚这个问题的答案，_____
_____他真的误会了我的意思。

65

3. 一个喜欢事事挑战别人的人_____
　　_____。

• **安慰**

1. 医生们连续好多天忙着抢救病人，有时候连吃饭和休息的时间都没有。这次国家给予他们这么高的荣誉，不仅是对这种可贵精神的赞扬，也是对他们的辛劳付出以及家人的极大安慰。

2. 你要想安慰他们，仅仅给他们钱是不够的，_____
　　_____。

3. 妈妈告诉她，人生中每个人难免会受到委屈和误解_____
　　_____。

• **普及**

1. 随着互联网的推广和普及，电子商务发展的速度简直太快了。

2. 为了普及这些基础的法律知识，_____
　　_____。

3. 要想更好地防病治病，我们除了要建立更多的医院，还应该_____
　　_____。

综合练习

一、根据课文内容，回答下列问题

1. 为什么世界各族人民最早的文学创作是神话和传说？
2. 古代神话和传说是怎么产生的？它们的主要内容是什么？

3. 最早的神话传说是怎么流传的？它们是怎样保留到今天的？

4. 为什么说中国古代的神话传说是我们今天研究中国古代文明和了解中国古人信仰和生活的一部百科全书？

5. 中国最早的关于世界创造的神话有哪些内容？请你举例说明中国人认为世界是怎样创造的。

6. 在中国古代神话中，人类是怎么产生的？中国古人为什么认为女娲是最伟大的母亲？

7. 你了解世界上关于治水的神话吗？请你谈谈中国治水神话跟其他民族治水神话有什么不同。

8. 中国古代关于人类的发明和创造的神话有哪些？请举例说明中国有哪些比较重要的发明创造的神。

9. 中国古代神话传说中有一些美好的浪漫主义故事，请举例说明这一类故事里有哪些内容？中国老百姓为什么喜欢这样的故事？

10. 中国有很多古书里保留了古代神话传说。请你告诉我们哪些古书里保存了神话故事？它们保存了什么样的神话传说故事？

11. 请举例谈谈中国古代神话传说有什么意义以及它们跟中国老百姓的生活有什么关系。

12. 为什么很多人都喜欢读神话传说故事？除了课文中介绍的中国神话传说，你还读过别的国家的神话传说故事吗？请介绍一下儿它们的内容。

二、用下列词语造句

1. 由来：_____

2. 信仰：_____

3. 控制：_____

4. 流传：_____

5. 拯救：_____

6. 征服：_____

7. 传播：_____

8. 寄托：_____

9. 追求：_____

10. 启发：_____

11. 屈服：_____

12. 挑战：_____

13. 牺牲：_____

14. 安慰：_____

15. 广泛：_____

16. 普及：_____

三、找出下列每组词中的同义词

- 由来　　　原来　　　来源　　　由于
- 信仰　　　信任　　　信徒　　　信念
- 寄托　　　保存　　　托付　　　推托
- 控制　　　控诉　　　制度　　　操纵
- 编造　　　造成　　　编织　　　捏造
- 融合　　　融化　　　整合　　　交融
- 拯救　　　帮助　　　祝福　　　解救
- 征服　　　制服　　　信服　　　佩服
- 写照　　　反映　　　写作　　　照片
- 传播　　　传统　　　播放　　　传扬

- 启发　　　发展　　　启迪　　　启动
- 追求　　　寻找　　　寻求　　　要求
- 安慰　　　安全　　　安抚　　　安宁
- 普及　　　推广　　　普通　　　普遍
- 习俗　　　礼节　　　民风　　　风俗

四、选词填空

| 流传 | 上述 | 拯救 | 控制 | 屈服 | 传播 | 挑战 | 安慰 |
| 融合 | 判断 | 广泛 | 寄托 | 征服 | 启发 | 由来 | 素材 |

1. 按照风俗习惯，每年中秋节应该吃月饼，你们知道月饼的_____吗？

2. 请不要哭了，在这种情况下，你要_____自己的情绪。你看，有多少双眼睛在看着你呀。

3. 这个神话故事已经_____几千年了，它对人有很重要的启发意义。

4. 很多人认为，宗教存在的理由就是要_____人的灵魂。虽然你不相信任何宗教，但是读一下儿关于宗教的书，了解一下儿它的内容还是有些意义的。

5. 不要随意_____别人，如果别人比你强大得多，那么只会给自己带来恶果。

6. 在古代社会，宗教的力量往往很强大，它们有时候比政府的影响力还大。宗教的思想可以_____到很多地方，甚至远远超出自己的国家。

7. 在中国，端午节划龙船、吃粽子的风俗是为了纪念中国古代诗人屈原的，人们用这种方式_____了自己对这位伟大爱国者的怀念。

8. 在大家的_____和教育下，他终于发现了自己的问题。从那以后，他渐渐克服了缺点，最后成了一位非常优秀的学者。

9. 他是一个有坚定信仰的人，不管什么样的压力都不能让他_____，我相信他最后一定会成功的。

10. 一个时时处处都喜欢_____别人的人并不一定是生活的强者，反倒是那些非常谦虚的人内心最自信。

11. 我们不需要去_____他。他经得起失败，也知道自己在做什么，他不是一个轻易放弃自己目标的人。

12. 他的建议受到了_____的重视，大家都认为他说得有道理。如果按照他说的方法做，这个问题应该很快就能解决。

13. 其实美国的哲学思想是_____了德国、英国、法国等欧洲哲学家的思想，再加上他们自己的哲学家思考后才形成的。

14. 你不知道这部小说的_____是从哪里来的吧？其实它是根据报纸上的一篇报道写出来的。

15. _____一个人是不是正直、有道德，我们不能仅仅看他怎么说，更重要的是要看他怎么做。

16. 对于大家_____的见解，你有些什么评论？如果你不同意他们的观点，请说说你的看法。

五、用括号里的词语改写句子

1. 要想了解一个民族文化的发生和发展，人们往往要先了解这个民族的神话和传说中表达出来的民族意识。（如果……就……）

2. 跟世界其他文明关心的话题一样，中国古人最关心世界是怎么来的，于是他们根据自己的理解创造了混沌宇宙和盘古开天辟地的神话。（如同……，首先……，接着……）

3. "愚公移山"说的是不要放弃自己的目标，不管遇到什么困难，只要努力就有成功的希望。（即使……也……）

4. 除了上面这些内容以外，中国古代神话传说中还记载保留了很多古人掌握的其他方面的知识。（不但……，而且……）

六、写作练习

1. 用一句话来总结出课文中每一个段落的意思。
2. 用三句话来概括出这篇课文的主要内容和观点。
3. 请寻找一些有关的材料，或者以你喜欢的故事为例，写一篇短文谈谈你对中国古代神话传说的看法和观点。
4. 这篇课文把中国古代神话传说的内容总结成了几大类？请细读一下儿这些不同的主题，找出你喜欢的故事，试着把它写成一篇短文，并在文章的结尾总结一下儿这篇故事的意义。
5. 你读过别的国家的神话传说吗？如果读过，请模仿这篇课文的模式写一下儿这个国家的神话传说的发展、内容及意义。
6. 作文：《神话传说的意义》
   《谈谈文学和艺术中的神话传说》
   《我喜欢的一则神话故事》

第七课　中国人的姓是从哪儿来的

世界上所有国家和民族的人都有姓和名。中国人的姓是怎么来的呢？

根据学者的研究，在远古时期，姓的产生除了是为了方便人们互相称呼和社会交往外，它的一个最重要的功能是用来表示血缘关系。那时候，因为生产能力比较低，为了生存，人们以相同的血缘关系结合、聚居在一起，这个人类社会群体就叫氏族。氏族分母系氏族和父系氏族。母系氏族社会是按照母方世代计算，人们只知道自己的母亲，不知道父亲，妇女在氏族中起着主导性的作用。

那个时候，每个氏族都采用一种和自己的生活、劳动有密切关系的动物、植物或某个物品作为这个氏族的名称和崇拜物，这就是他们的图腾。氏族名称的意义在于保存氏族的世系，把自己和别的氏族区别开来。这样，最早的姓就产生了。古代的字典《说文解字》上说："姓，人所生也。"就说明了姓最早是表示血缘关系，说明同姓的人都是同一位女性祖先的子孙。

到了后来，母系氏族社会发展成了父系氏族社会后，姓就转变成了父系血缘关系的标志。再后来，由于人口不断增多，人类活动的地方不断扩大，父系氏族社会的支派更多，古代中国人的姓也就越来越多了。根据后来的研究，中国人的姓主要有下面这些来源。

（一）最早产生的原始意义上的姓。它们和前面介绍的母系氏族社会有关，这些姓多带女字旁，如姜、姚、姬等。

（二）以图腾为姓。如马、牛、熊、石等。

（三）以国家的名字作姓。如在周朝，天子给自己的大臣和亲戚分土地，让他们在那儿称王，自己管理自己的地方。这些地方就像是一些小的国家，如宋、卫、陈、齐、鲁、韩、赵、魏等诸侯国。后来他们就把这些诸侯国的名字当成了自己的姓。

（四）以官名为姓。有的人做过官，这些人活着的时候人们会称呼他们的官名，他们的后代就把官名当成了自己的姓。如司马、司空、司徒、史、钱等。

（五）以祖父和父亲的名字为姓。在中国古代，一些国王、贵族和大官的后代往往以他们祖辈的名字作姓。比如古代天子的儿子称"王子"，王子的儿子称"王孙"，有的王孙的儿子就以他们的祖父的名字为姓，如周景王的孙子用他儿子的名"朝"作为姓，形成"晁"姓。宋桓公的儿子叫子鱼，子鱼的儿子叫公孙友。公孙友的两个儿子就姓鱼。

（六）以兄弟间的排名顺序为姓。比如周代以孟（伯）、仲、叔、季作为子孙排行的顺序，他们的后代姓孟、伯、仲、叔、季等。

（七）以居住的地方为姓。贵族和有身份的人往往以他们的封地为姓。那些没有资格得到封地的人有的就以他们住的地方作为自己的姓。如住在山边的人以傅为姓，住在水边的人以池为姓，住在柳树旁边的人姓柳下。这一类的姓还有西门、东郭、南宫、东方等。

（八）以自己的工作、技能或职业为姓。如屠、陶、甄、卜、巫等。

（九）皇帝赐姓或因避讳改姓。过去，皇帝认为自己的姓是"国姓"，他常常喜欢把自己的姓赐给一些对国家有功的官员。如唐代很多有名的大臣被赐姓李，宋代的李继迁被赐姓赵，明代的郑成功被赐姓朱等。除了赐姓以外，有的人的姓因为和皇帝的名字相同，按照古代的规矩，这就犯了忌讳，他们就必须改姓。比如唐代皇帝李隆基当皇帝时，姓姬的因为和"基"同音而改成了周姓等。

（十）由少数民族的称呼转化而来的姓。很多少数民族的人原来有姓，如宇文、鲜于、尉迟、慕容、贺兰等。后来有的朝代实行民族团结和融合的政策，命令或动员少数民族人改姓，比如北魏时皇族拓跋氏改姓元，其他贵族改姓陆、贺、刘、于等；唐代的少数民族有的改姓康、曹、石、何、史、安，比如当时造反的安禄山、史思明的姓就是其中改姓的两个姓氏。后来的许多大姓如张、王、李、赵、刘、曹、吴、罗、包、何、金、关、康等既是汉族的姓，也是少数民族的姓。

中国人有多少个姓呢？很难确切地说清楚。早在宋代初年，钱塘（今杭州）的一个读书人编了一本《百家姓》，里面收了444个单姓，60个复姓。后来又不断有人编写姓名词典。据最新的《中华姓氏大辞典》统计，中国历史上一共有姓氏11,969个，其中单姓5327个，复姓4329个，其他姓氏2313个。虽然中国人的姓这么多，其实现在常用的姓不过200个左右，其中最常用的姓只有100个左右。据中国政府的有关资料显示，中国汉族中姓李的最多，约占全部人口的7.9%。如果再加上少数民族和海外华侨，全世界姓李的差不多有一亿人，它是全世界最大的一个姓。其次是王姓和张姓，再次是刘、陈、杨、赵、黄、周、吴、徐、孙、胡、朱、高、林、何、郭、马，这19个姓占了中国人口的一半以上。

生 词　　Vocabulary

1. 血缘	xuèyuán	名	ties of blood, consanguinity

2. 聚居	jùjū	动	to live in a compact community
3. 群体	qúntǐ	名	group
4. 氏族	shìzú	名	clan
5. 母系	mǔxì	名	maternal line, matriarchal
6. 父系	fùxì	名	paternal line, patriarchal
7. 图腾	túténg	名	totem
8. 世系	shìxì	名	pedigree, genealogy
9. 转化	zhuǎnhuà	动	to change, to transform
10. 确切	quèqiè	形	definite, exact, precise

综合练习

Exercise One: Remembering Details

细读本文，指出下列句子提供的信息是对的还是错的。如是错的，请改成正确的答案

1. 人类社会最早的氏族社会是父系氏族社会。　　　　　　　　(　　)
2. 图腾是古代一个氏族用动物、植物或某种物品作为氏族名称和崇拜物的标志。　　　　　　　　(　　)
3. 中国人最早的姓多有女字旁。　　　　　　　　(　　)
4. 中国古时候有人用自己的姓当作官名。　　　　　　　　(　　)
5. 古时候只有国王才能用自己居住的地方为姓。　　　　　　　　(　　)
6. 古时候规定少数民族不能改成汉族的姓。　　　　　　　　(　　)

7. 据统计，中国历史上一共有一万一千多个姓氏。　　　　（　　　）

8. 中国最常用的姓有二百个左右。　　　　　　　　　　（　　　）

9. 据统计，全世界姓王的人口最多。　　　　　　　　　（　　　）

Exercise Two: Analyzing Ideas

根据文章内容，选择正确的答案

1. 古时候人们都住在一起是因为_____。

   A. 喜欢老祖母　　　　B. 生产能力低　　　　C. 不知道父亲

2. 古时候姓产生的最早的目的是_____。

   A. 表示血缘关系　　　B. 喜欢动物　　　　　C. 互相称呼

3. 中国人编写的最早的关于姓氏的书是_____。

   A.《说文解字》　　　B.《百家姓》　　　　C.《中华姓氏大辞典》

4. 《百家姓》里共收了_____中国人的姓。

   A. 408 个　　　　　　B. 100 个　　　　　　C. 504 个

5. 中国最常用的姓有_____。

   A. 408 个左右　　　　B. 100 个左右　　　　C. 200 个左右

Exercise Three: Synonyms

根据上下文的意思，找出句中加点词的同义词或它的意思

1. 姓的产生除了是为了方便人们互相称呼和社会交往外，它的一个最重要的功能是用来表示血缘关系。（　　　）

   A. 作用　　　　　　　B. 方便　　　　　　　C. 能力

2. 到了后来，母系氏族社会发展成了父亲氏族社会后，姓就转变成了父系血缘关系的标志。（　　　）

A. 关系　　　　　　　B. 说明　　　　　　　C. 记号

3. 贵族和有身份的人往往以他们的封地为姓。（　　）

   A. 买的地　　　　　　B. 分配给的地　　　　C. 别人送的地

4. 中国人的有些姓是由少数民族的称呼转化而来的姓。（　　）

   A. 变化　　　　　　　B. 转移　　　　　　　C. 介绍

5. 后来有的朝代实行民族团结和融合的政策，命令或动员少数民族人改姓。（　　）

   A. 分合　　　　　　　B. 交融　　　　　　　C. 融化

6. 中国人有多少个姓呢？很难确切地说清楚。（　　）

   A. 认真　　　　　　　B. 必须　　　　　　　C. 准确

Exercise Four: Discussion Questions

讨论下面的问题

1. 中国人最早的姓除了为了方便称呼外，还有什么别的意义？
2. "图腾"是什么？古代氏族为什么要有图腾？
3. 为什么最早的姓有女字旁？姓跟父系血缘有什么关系？
4. 谈谈中国人的姓的几个主要来源。
5. 你知道西方人姓名的一些来历吗？请谈谈你所了解的内容。
6. 作文：写一篇文章比较一下儿西方人的姓名和中国人的姓名在来历和内容方面的不同。

第八课　中国人的避讳

避讳是中国古代文化中的一个非常特殊的现象。"讳"就是一些因有所顾忌而不能说、不能写甚至不能读的东西。这些东西，如果你说了，不管你是有意还是无意的，都会受到惩罚。这样的惩罚一般都很重，有时候是体罚，有时是进监狱，严重的还会被处死，甚至你全家和所有的亲戚都会被处死。避讳制度是中国历史上一种非常可怕的残酷制度。

既然避讳制度这么严厉可怕，人们当然应该知道怎样去防止自己触犯它。到底什么样的东西不能说、不能写、不能读呢？

按照古代社会的规定，应该避讳的主要是帝王、圣人、长辈、长官和受尊敬的人的名字。对这些字人们在说话或写文章时不能乱用乱写，平时如果遇到和这些人物的名字相同的字时，必须避开或改写成其他的字，读的时候也应该读成别的或相近的读音，这就叫"避讳"。

避讳一般有三种，分别为：国讳、家讳和圣人讳。

"国讳"是最重要的一种避讳。它要求全国所有的人，包括皇帝本人都要遵守。国讳主要是避讳皇帝本人和他的父亲、祖父以及别的长辈的名字。有的还需要避讳皇后的名字和她的父亲、祖父的名字，避讳皇帝和皇后死后的封号等。在古代，和别的国家交往时，尊重对方的国讳是重要的礼节之一。

因为中国是一个历史悠久的国家，古代历朝历代的皇帝很多。如果皇帝的名字中出现了一个常用字，就会对全国人民的政治、经济和日常生活带来很大麻烦。所以在古时候，皇帝起名字时常常注意避免用普通的字，他们的名字往往都用难读、难懂的字，这样就比较容易让老百姓避讳。比如宋代以后，中国皇帝的名字大都采用冷僻、不常用的字就是出于这个原因。

"家讳"实际上是家庭内部的避讳，它主要是回避长辈的名字或与它们有关的字。这些通常限于亲属内部。家讳虽然只在家庭内部使用，但由于中国封建社会重视伦理道德，所以它受到了法律的保护，严重违反了家讳的也算犯法。另外，和别人交往时，一般人都会注意不去触犯别人的家讳，以表示对他们的尊敬。

"圣人讳"是要避开使用或说出古代的圣人如黄帝、周公、孔子、孟子的名字中的字，尤其是孔子的名字"丘"，凡古书中有这个字的必须改为缺笔字，其他如人名或地名中有这个字的一律要改为"邱"字。

此外，关于避讳，还有种种规定：一是局外人只需避原字，而不避字音相同或相近的字；二是同时讳二字时，如果用到其中的一个字不算犯讳，比如应该避"明光"二字，单用"明"或单用"光"字都不算犯讳；三是对七代以上的远祖可以不避讳。

如果遇到应该避讳的字，但又必须用时应该怎么办呢？古时候大致用下面这些办法：

一是改字法。改字法就是在必须用避讳的字如帝王或尊者的名字时改用其他字来代替。这些代替的字一般是字音相近的字，如在《三国志》中，"张壹"本为"张懿"，但作者陈寿为了避晋宣帝司马懿的讳，把书中的人名"张懿"改作"张壹"；有的把需要避讳的字改成字形相近的字，如辽代改女真为"女直"等；还有的因避讳而重新起名的，比如唐高祖讳虎（唐高祖李渊祖父名虎），凡是称"虎"的地方都改成"武"或"猛兽"。

二是空字法。空字就是不写避讳的字而空一格，有时则写作"某""□"或直接写"讳"。比如唐朝为避唐太宗李世民的讳，把汉人"王世充"的名字改成"王充"。再如，汉景帝名"启"，汉代司马迁写《史记》时，为避汉景帝的名讳，多改"启"字为"开"或"间"字，如将"王恬启"改称为"王恬开"。另外，《史记》还曾以"某"字来代称汉景帝的名讳。如"子某最长，纯厚慈仁，请建以太子"，这里的"某"字指的就是汉景帝。

三是缺笔法。缺笔法就是要避讳的字的最后一笔不写，造成一种有意的残缺，以达到避讳的效果。

另外，口语中的避讳，就是把要避讳的字音读成别的字以避免犯讳。如在《红楼梦》中，林黛玉念到跟她妈妈的名字"贾敏"有关的"敏"字时，故意把"敏"念成"密"。

在古代社会，犯了忌讳往往会遭受很重的惩罚。如在清朝，江西有个举人犯了乾隆皇帝和他的父亲、祖父的名讳，皇帝不但杀了他全家，而且杀了他的很多亲戚和朋友。

避讳制度不仅残酷，而且非常荒谬。比如唐代有一位著名诗人叫李贺，他的父亲叫李晋肃，有嫉妒李贺才能的人怕他考中"进士"，就攻击他，说他应该避父名讳，结果逼得这位天才诗人不敢去考进士。当时一位最有名的学者韩愈知道这件事后非常生气，他愤怒地抗议说："如果他的父亲的名字叫'仁'，那他就不能做人了吗？"

还有一个更荒唐的故事。据陆游在他的文章中说，宋代有个官员叫田登，这个人既无知又霸道。他不愿意听到别人说和他名字相近的字，于是他规定所有的老百姓平时不能说"灯"，凡说"点灯"时一律说成"点火"。过元宵节的时候，按照节日习俗，街上应该到处挂上各种各样美丽的花灯，并连续庆祝三天。可是田登不准人们说"灯"，他让人贴告示说：

"过节的时候我们要放火三天。""放火"在古代是干坏事和造反的意思,田登为了避免别人说自己的名字,却闹了一个如此荒谬的笑话。一千多年来,它一直被传为一个最愚蠢的笑话。后来人们用"只准州官放火,不准百姓点灯"来说明统治者的专横和残暴。

生词 Vocabulary

1. 避讳	bì huì		to taboo on using personal names of emperors, one's elders, etc.
2. 惩罚	chéngfá	动	to punish, to penalize
3. 体罚	tǐfá	动	corporal punishment
4. 触犯	chùfàn	动	to offend, to violate, to go against
5. 相近	xiāngjìn	形	close, similar
6. 圣人	shèngrén	名	sage, wise man
7. 封号	fēnghào	名	emperors or kings give a special favor on promising sb. a title or land
8. 冷僻	lěngpì	形	deserted, out-of-the-way, rare
9. 出于	chūyú	动	out of
10. 残缺	cánquē	动	incomplete, fragmentary
11. 荒谬	huāngmiù	形	absurd, preposterous
12. 霸道	bàdào	形	overbearing, strong
13. 告示	gàoshi	名	bulletin, official notice
14. 专横	zhuānhèng	形	imperious, peremptory

Exercise One: Remembering Details

细读本文，指出下列句子提供的信息是对的还是错的。如是错的，请改成正确的答案

1. 避讳就是对一些人的名字不能说、不能读，只能写。　　　　　　（　　）

2. 古时候，如果有人犯了避讳，一定会被处死。　　　　　　　　（　　）

3. 老百姓都应该遵守避讳制度，皇帝不必遵守。　　　　　　　　（　　）

4. 为了让老百姓容易避讳，古时候皇帝的名字往往取不常用或难懂难认的字。　　　　　　　　　　　　　　　　　　　　　　　　　　（　　）

5. 家讳不受法律保护，但一般人都遵守它。　　　　　　　　　　（　　）

6. 避讳制度很不合理，因为它不准读书人考试做官。　　　　　　（　　）

7. 因为避讳制度非常残酷，老百姓后来开始造反、放火。　　　　（　　）

Exercise Two: Analyzing Ideas

根据文章内容，选择正确的答案

1. 避讳制度是中国古代文化中的_____。
   A. 非常好的现象　　　　B. 一种特殊现象　　　　C. 不能提的现象

2. 国讳是最重要的一种避讳，它要求_____遵守。
   A. 皇帝　　　　　　　　B. 外国人　　　　　　　C. 所有人

3. 家讳的范围只限于家庭内部，它只要求_____遵守。
   A. 长辈　　　　　　　　B. 家庭内部的人　　　　C. 家庭以外的人

82

4. 古时候遇到避讳的字时人们往往_____。

   A. 不读　　　　　　　B. 读缺笔　　　　　　C. 读别的或相近的读音

5. 除了严厉和残酷以外，避讳制度还非常_____。

   A. 有意思　　　　　　B. 受到尊重　　　　　　C. 荒谬

Exercise Three: Synonyms

根据上下文的意思，找出句中加点词的同义词或它的意思

1. 既然避讳制度这么严厉可怕，人们当然应该知道怎样去防止自己触犯它。（　　）

   A. 躲避　　　　　　　B. 冒犯　　　　　　　C. 惩罚

2. 宋代以后，中国皇帝的名字大都采用冷僻、不常用的字就是出于这个原因。（　　）

   A. 可怕　　　　　　　B. 不常见　　　　　　C. 僻静

3. 缺笔法就是要避讳的字的最后一笔不写，造成一种有意的残缺，以达到避讳的效果。（　　）

   A. 残酷　　　　　　　B. 破损　　　　　　　C. 破坏

4. 避讳制度不仅残酷，而且非常荒谬。（　　）

   A. 荒唐　　　　　　　B. 严格　　　　　　　C. 残忍

5. 宋代有个官员叫田登，这个人既无知又霸道。（　　）

   A. 蠢笨　　　　　　　B. 残暴　　　　　　　C. 专横

Exercise Four: Discussion Questions

讨论下面的问题

1. 古代的时候中国人为什么要有避讳制度？

2. 古时候中国人避讳些什么？他们怎么避讳？

3. "国讳"的内容是什么？谁应该服从它？

4. "家讳"的内容是什么？谁应该服从它？

5. "圣人讳"的内容是什么？谁应该服从它？

6. 谈谈避讳的三种主要的方法。

7. 你听说过"只许州官放火，不许百姓点灯"的故事吗？

8. 外国人有没有避讳制度或避讳的习惯？请介绍一下儿。

第九课　柳毅与龙女

唐朝时，有个叫柳毅的读书人到京城长安参加科举考试，他的家乡在遥远的湖南。考完试就要回家了，他骑马去跟在长安附近的一位朋友告别，路过一片沼泽和茫茫的森林。这时，突然一阵大风刮来，激起成群的鸟儿疾飞，柳毅的马也受了惊疯狂地奔跑。当马停下来时，柳毅眼前一亮：他看到了一个年轻的姑娘在荒野里放牧着大片的羊群。

这个姑娘穿着破破烂烂的衣裳，脸上的表情既痛苦又忧伤。但柳毅发现，她是一个非常漂亮的女孩儿。是什么原因让这样一位美丽的姑娘在荒野中做这么辛苦的活儿？她又为什么如此悲伤呢？柳毅一下子泛起了无限的好奇心。

他问姑娘为什么做这么辛苦的体力活儿。姑娘告诉柳毅，她不是人间的女孩儿，而是洞庭龙王的小女儿。龙王把她嫁给了当地泾河龙王的儿子。可是她的丈夫不务正业，又喜欢上了别的女人，还每天打骂她。于是她向公公婆婆告状，没想到他们不站出来帮她说话，反而袒护自己的儿子。由于他们溺爱儿子，所以她的丈夫变得越来越坏。后来她再向公婆申诉时，他们不但不听，反而跟她丈夫一起欺负她。

说着说着，龙女就流下了伤心的眼泪，她哭得那么难过，让人看着心碎。龙女说："我的家离这儿很遥远，足足有几千里，疼爱我的父母不知道我每天以泪洗面，这样受罪。我想给父母写封信，可是没有人能帮我传递。"

听了龙女的话，柳毅又难过又气愤。他想，我是个读书人，又是个男子汉，这么好的姑娘竟然受到这样的欺负，我一定要帮助她。于是他马上说："谁说没人能帮你，我来替你送信。"可是他又一想，龙宫在深深的水底，我能到那儿吗？

龙女看出了柳毅的担心。她说："你不用担心，如果你愿意帮我送信，洞庭湖边有棵大树可以通到龙宫，如果你到了那儿，会有水底的神仙接你去龙宫的。"

就要告别龙女了，柳毅一步三回头，**眷恋**地看着这个受苦的姑娘。他不明白，这个美丽的姑娘为什么要辛苦地放牧那些羊群，就问道："难道神仙还要吃羊肉吗？"龙女**羞涩**地笑了笑说："它们并不是羊，虽然它们长着羊的样子，其实是掌管着天上要不要打雷下雨的神啊。"

柳毅带着龙女的信，急急忙忙地赶路，终于来到了几千里外的洞庭湖。他用龙女告诉他的办法，来到了龙宫，见到了龙女的父亲洞庭龙王。老龙王听说自己的小女儿受欺负受虐待的事后生气极了，看了女儿的信以后更是流下了眼泪。龙宫里的其他神仙也都被气得不得了。可是老龙王没有忘记感谢柳毅给他送来的信。

正在他们谈话时，龙宫里突然发出了**天崩地裂**般的巨响，把柳毅吓得一下子**跌**到了地上。这时，龙宫几乎要被震倒了！柳毅忽然看到一条几千尺长的火红的巨龙奔了出来。这条巨龙目光如电，嘴像一个血盆，可怕极了。它身**缠**着锁链带着一路巨雷飞了出去。

柳毅几乎要被吓昏了。老龙王赶快安慰他不要怕，并告诉柳毅这是自己的弟弟，也是龙女的叔叔钱塘龙王。他听说了龙女被虐待的事，气得无法控制自己，马上就冲出去给龙女报仇了。

洞庭龙王告诉柳毅，钱塘龙王脾气**暴烈**，他有时候连天帝的话都不听，但他很正直，也经常犯错误。最近因为他做错了事，天帝让洞庭龙王把他关在家里管教。没想到钱塘龙王一听说龙女的事后就暴怒地跑出去报仇了。

过了不久，天气突然变得晴朗**明媚**，一阵阵喜庆的音乐声传来，钱塘龙王回来了。柳毅看到一群美丽的神仙走过来，里面有一个人他好像认识——原来，这正是他前不久见过的龙女！眼前的龙女穿着最漂亮的衣裳，戴着最名贵的珠宝，美丽的云彩飘浮在她身旁，好多**优雅**的姑娘都围着她，**伺候**她。可是，柳毅还是能看到高贵的龙女脸上挂着期望和忧虑的神情。

龙女回来了，她跟父母家人团圆了，终于过上了好日子。洞庭龙王、钱塘龙王和龙女的母亲感谢柳毅救了龙女。他们用龙宫最盛大的礼节和最**华贵**的宴席庆祝龙女归来，感谢柳毅为他们送信。

在宴会上，钱塘龙王感谢柳毅救了龙女，但他**尚未**征求柳毅的意见，就突然提议要把龙女嫁给他。柳毅是个读书人，他觉得钱塘龙王这样做太鲁莽了。他认为自己替龙女送信、解救她是出于一个读书人的义气和尊严的一种见义勇为的行为。现在钱塘龙王让自己娶龙女并没有征求自己的意见；而且，如果他现在娶了龙女，可能会让人误解自己的**义举**，把解救龙女看成一种自私的有目的的行为了。

柳毅知道钱塘龙王脾气很坏，但他不怕钱塘龙王可能会杀死自己，不愿服从他的安排。柳毅拒绝了跟龙女结婚。龙女的父母倒是很佩服柳毅的勇敢，也理解他的想法。钱塘龙王后来也为自己的鲁莽道了歉。最后，龙宫里的神仙们为了答谢柳毅，赠送了他很多名贵的金银珠宝，让他返回了家乡。

柳毅因为这些金银珠宝一下子发了财，成了最富有的人。他结了婚，可是不久妻子去世了。后来他又结了一次婚，妻子又去世了。他心里很难过，不知道自己应不应该再结婚。不久以后，有人给他介绍了一个贵族女子，说她美丽温婉又知书达理。柳毅看到这个女子，觉得她的样子很熟悉——他突然想起这个姑娘很像他当年遇到的龙女。

结婚以后，妻子贤惠温柔，柳毅与她的感情非常好，他俩好得一天也分不开，人人都很羡慕他们。但妻子的模样总让他想起往事，想起龙女。有一次，他跟妻子提起了当年龙女的故事，表现出了眷恋和惆怅的情思。没想到，妻子听了这个故事竟流下了眼泪。

后来，他们生了一个可爱的儿子，生活美满幸福。可是多年前龙女的样子却经常在柳毅眼前浮现。有一天，妻子突然问他："你还记得当年龙女的故事吗？"柳毅说当然记得，这件事让他终生难忘。听到这句话，妻子深情地问柳毅："你仔细看看我是谁？"原来，他的妻子正是当年的龙女。

柳毅感动得流下泪来。他抱怨妻子为什么不早点儿告诉他。龙女悄声说："那年你救了我，我就下决心用一生来报答你。可是当我叔叔提到想让我们结婚时，没想到你拒绝了。你走后，父母想把我嫁给别人，我就剪掉头发不出家门表示抗议。最后父母就不再逼我了。后来我听说你结过两次婚，你的两位妻子都去世了，我就想办法嫁给你，来报答你对我的恩情。但是因为你曾经拒绝过我，我怕你不高兴，就不敢告诉你我是龙女……"

柳毅听了妻子的诉说很惭愧。他告诉龙女，其实他见到龙女的第一眼就喜欢上了她。但那时候柳毅帮助她是出于读书人的本分和做人的义气，并没有功利的目的。另外，那时钱塘龙王并没有征求自己的意见就逼他跟龙女结婚，因为读书人的自尊，所以他当场拒绝了。其实，他的内心是非常喜欢龙女的。那天刚刚拒绝完钱塘龙王他就后悔了,离开龙宫时他的心也碎了。这么多年来他一直在思念着龙女,从来没有忘记过。

柳毅和龙女终于永远生活在一起了。这个故事受到了人们的普遍喜爱。它反映了人们对美好爱情的追求,也反映出了当时女性在家庭中地位较低的问题。同时,这个故事还赞扬了一种不畏强暴、善良正直、帮助别人不求回报的可贵精神。

一千多年来,民间一直流传着柳毅和龙女相爱的美好故事。人们把这个故事改编成了戏剧、音乐、绘画和流行的传说,就这样,柳毅和龙女的故事就活在了老百姓的心里。

根据唐朝李朝威《柳毅传》故事改写

生词 Vocabulary

1.	沼泽	zhǎozé	名	marsh, swamp
2.	荒野	huāngyě	名	wilderness
3.	放牧	fàngmù	动	to graze, to pasture
4.	泛起	fànqǐ	动	to arise, to ripple, to appear
5.	不务正业	búwùzhèngyè	动	not attend to one's proper duties, to ignore one's proper occupation
6.	袒护	tǎnhù	动	to give unprincipled protection to, to be partial to
7.	溺爱	nì'ài	动	to spoil, to cosher

8. 申诉	shēnsù	动	to appeal, to complain
9. 传递	chuándì	动	to pass on, to transmit, to deliver
10. 眷恋	juànliàn	动	to be sentimentally attached to (a person or place)
11. 羞涩	xiūsè	形	shy, bashful, embarrassed
12. 天崩地裂	tiānbēng-dìliè		giant earthquakes and landslides
13. 跌	diē	动	to fall, to tumble, to drop
14. 暴烈	bàoliè	形	violent, fierce
15. 明媚	míngmèi	形	bright and beautiful, radiant and enchanting
16. 优雅	yōuyǎ	形	elegance, grace
17. 伺候	cìhou	动	to wait upon, to serve
18. 华贵	huáguì	形	luxurious, gorgeous
19. 尚未	shàng wèi		not yet, cannot yet
20. 义举	yìjǔ	名	a magnanimous act undertaken for the public good, chivalrous deed
21. 温婉	wēnwǎn	形	gentle and mild
22. 惆怅	chóuchàng	形	disconsolate, melancholy
23. 抗议	kàngyì	动	to protest, to remonstrate
24. 恩情	ēnqíng	名	kindness, loving-kindness
25. 畏	wèi		to fear, to awe, to dread

综合练习

Exercise One: Remembering Details

细读本文，指出下列句子提供的信息是对的还是错的。如是错的，请改成正确的答案

1. 柳毅参加完科举考试要回家乡，他去跟龙女告别的时候，发现她在河边正在放羊。　　（　　）
2. 龙女的公公婆婆太溺爱儿子，他们跟她丈夫一起欺负龙女。　　（　　）
3. 因为人们都不喜欢龙女，所以没有人愿意替她送信给龙王。　　（　　）
4. 龙女放牧的其实不是羊群，而是一些掌管着天气的神。　　（　　）
5. 柳毅告诉了洞庭龙王女儿受欺负的事情，龙王很生气，他去为女儿报了仇。　　（　　）
6. 因为龙女的叔叔脾气很坏，柳毅被他吓得昏了过去。　　（　　）
7. 钱塘龙王逼迫柳毅跟龙女结婚，柳毅非常害怕。　　（　　）
8. 柳毅从龙宫回来后变得很富有，他结了两次婚，但是他的两个妻子都死了。　　（　　）
9. 龙女想念柳毅，决心报答他。她变成了人间的女子跟柳毅结了婚，但是怕柳毅发现她是龙女。　　（　　）
10. 柳毅承认自己当年跟龙女一见钟情，但是他因为很害怕她的叔叔，所以不敢跟她结婚。　　（　　）
11. 柳毅和龙女的故事说明神仙世界很美好，而人间有很多痛苦。　　（　　）
12. 中国老百姓喜欢柳毅和龙女的故事，并用各种方式来歌颂它。　　（　　）

Exercise Two: Analyzing Ideas

根据文章内容，选择正确的答案

1. 柳毅第一次见到龙女时很震惊，他对龙女也_____。

   A. 很痛苦　　　　　　　B. 很痛恨　　　　　　　C. 很好奇

2. 柳毅愿意帮龙女给她父母送信，是因为他觉得_____。

   A. 龙女太可怜　　　　　B. 她是龙女　　　　　　C. 龙女公婆太溺爱她

3. 这个故事里亲自去救龙女的是_____。

   A. 龙宫的其他神仙　　　B. 她的叔叔　　　　　　C. 她的父亲

4. 因为钱塘龙王_____，所以天帝让洞庭龙王把他关在家里管教。

   A. 救了龙女　　　　　　B. 脾气暴躁　　　　　　C. 做错了事

5. 因为_____，柳毅在龙宫里拒绝了跟龙女结婚。

   A. 害怕龙王　　　　　　B. 不喜欢龙女　　　　　C. 钱塘龙王没征求他的意见

6. 关于柳毅和龙女，下面说法正确的是_____。

   A. 婚后感情很好　　　　B. 龙女害怕柳毅　　　　C. 两个人生了一个女儿

7. 龙女坚持要嫁给柳毅，因为她觉得自己应该_____他。

   A. 报答　　　　　　　　B. 保护　　　　　　　　C. 可怜

Exercise Three: Synonyms

根据上下文的意思，找出句中加点词的同义词或它的意思

1. 是什么原因让这样一位美丽的姑娘在荒野中做这么辛苦的活儿？她又为什么如此悲伤呢？柳毅一下子泛起了无限的好奇心。（　　　）

   A. 漂浮、泛滥　　　　　B. 浮浅、不切实　　　　C. 浮起、出现

2. 于是她向公公婆婆告状，没想到他们不站出来帮她说话，反而袒护自己的儿子。（　　　）

   A. 疼爱帮助　　　　　　B. 过分保护　　　　　　C. 细心照顾

3. 就要告别龙女了，柳毅一步三回头，眷恋地看着这个受苦的姑娘。（　　）

   A. 留恋　　　　　　　B. 难过　　　　　　　C. 害怕

4. 过了不久，天气突然变得晴朗明媚，一阵阵喜庆的音乐声传来，钱塘龙王回来了。（　　）

   A. 阳光刺眼　　　　　B. 明亮美好　　　　　C. 热烈感人

5. 在宴会上，钱塘龙王感谢柳毅救了龙女，但他尚未征求柳毅的意见，就突然提议要把龙女嫁给他。（　　）

   A. 不情愿　　　　　　B. 还没有　　　　　　C. 不在乎

6. 有一次，他跟妻子提起了当年龙女的故事，表现出了眷恋和惆怅的情思。（　　）

   A. 失望　　　　　　　B. 生气　　　　　　　C. 伤感

7. 这个故事还赞扬了一种不畏强暴、善良正直、帮助别人不求回报的可贵精神。（　　）

   A. 不害怕　　　　　　B. 不喜欢　　　　　　C. 不讨厌

Exercise Four: Discussion Questions

讨论下面的问题

1. 柳毅为什么要到长安去？他为什么要帮助一个自己不认识的姑娘？
2. 龙女的父亲和叔叔性格有什么不同？你欣赏他们二人的哪种个性？
3. 龙女已经被钱塘龙王救回龙宫来了，为什么她的脸上"挂着期望和忧虑的神情"？请谈谈你的理解。
4. 柳毅暗暗喜欢上了龙女，可是他为什么会在宴会上拒绝钱塘龙王让他跟龙女结婚的提议？
5. 钱塘龙王的脾气很暴烈，但他为什么还会向柳毅道歉认错？
6. 龙女很喜欢柳毅，而且一直想报答他，可是她为什么等了那么久才去跟柳毅结婚？

7. 当柳毅抱怨龙女为什么不早点儿告诉他时龙女是怎么解释的？龙女后来为什么又要告诉柳毅这些往事？

8. 柳毅和龙女的故事只是一个美丽的传说，可是老百姓为什么这么喜欢这个故事？这个故事反映了人们现实生活中的哪些问题？

第十课　千里姻缘一线牵

西方神话中有专门**掌管**婚姻的神，中国的神话传说里也有专门掌管男女婚姻的神，人们把这个神叫作"月下老人"。月下老人的传说已经流传很久了，有人说月下老人是个老头，有人说是个老婆婆。中国民间老百姓有很多人都相信月下老人的故事。他们认为人和人的婚姻是"**缘**"，有缘千里来相会，无缘对面手难牵。那么，"缘"到底又是一种什么东西呢？

"缘"是中国古代哲学和宗教信仰中的一个非常**独特**的概念。**抽象**地谈很难说清楚，我想用月下老人的故事来说一下儿中国人对"缘"的理解。

传说唐朝有个读书人叫韦固。韦固很小的时候他的父亲就去世了，家里只有他一个儿子，他想早点儿结婚生儿子来延续家里的香火。可是，这件事进展得很不顺利，他的年龄越来越大了，但他还是娶不到妻子。

有一天，有人给他介绍了一个当大官的有钱人家的女儿，和他约好第二天早上在一座寺庙前见面。韦固很激动，他一夜没睡觉，早早就动身了，他匆匆忙忙地跑到寺庙前等着见那个姑娘。可是他去得太早，那时天还没亮，庙门口很冷清，根本就没有他想看到的姑娘。他只看见一个老婆婆肩上背着一个布袋子坐在台阶上。天上还有月光，老婆婆正在月光下翻看一本书。

韦固觉得很奇怪，他走到老婆婆那儿，想看看老人看的是什么书，可是他看到书上的字非常古怪，他不认识，于是就问："老婆婆，您看的是什么书？"老婆婆说："我看的是另一个世界的书。"韦固觉得很神秘，接着又问道："老婆婆，您是干什么的？"老人说："我是另一个世界的人，我是专门掌管天下人的婚姻大事的。"

韦固一听，十分激动。他高兴地说："老婆婆，我对自己的婚姻情况一直不满意，今天又有人给我介绍了一个姑娘，不知道能不能成功？您能告诉我一下儿我的婚姻情况吗？"老婆婆说："小伙子，今天的姑娘不会跟你结婚。你的妻子现在才三岁，要等她长到十七岁的时候才能跟你结婚哪！"

韦固一听，心里非常着急，也很不高兴，他问老太太："您的这个布袋里装的是什么东西呀？"老太太说："这里装的是男女结缘的红绳子。凡是命里注定是夫妻的男女，在他们刚出生的时候，我就在暗中用红绳子把他们的脚拴住。那么，即使后来这两家人是仇人，或者他们贫富悬殊、相隔遥远，只要我用红绳子把他们拴到一起，那他们永远也离不开对方了。你和你妻子的脚已经被红绳子连在一起了，你再忙着找别人是不能成功的。"听到这儿，韦固问道："您能告诉我我的妻子在哪里吗？"老太太说："你家北边有一个卖菜的老女人，她的女儿就是你的妻子。"

天亮了，韦固等的那个姑娘还没来，他只好跟着老太太进了菜市场。

迎面正好走过来一个老女人，她只有一只眼睛，怀里抱着一个小女孩儿。这个女孩儿的衣服破破烂烂，又脏又丑。老太太指着这个女孩儿说："这就是你的妻子。"说完，她突然不见了。

韦固非常生气，他觉得这个老太太是在捉弄他，他恨这个老人。他想，我偏偏不信你的红绳子，我要把它扯断，让你的预言不能实现！于是他就和他的仆人想去杀掉那个女孩儿。可是他没有杀死她，只伤到女孩儿的眉间。他犯了法，只好和仆人一起逃跑，远远地离开了这个地方。

又过了好多年，韦固奔走了很多地方，虽然他一直想结婚，但总也找不到一个满意的妻子。后来一直到了中年，他考上了科举，做了大官，才找到了满意的人。那位姑娘是他上司的侄女，长得如花似玉，那年十七岁。结婚以后，他妻子的眉间总是贴着一个花钿（diàn），从来不取下来。韦固觉得很奇怪，他一再追问妻子为什么不取下花钿来，妻子终于告诉了他自己的故事。

她说，她的父亲原来是一个大臣，两岁时，她的父母亲都去世了。她家的一个忠心的女仆照顾她。那时候她们很穷，女仆靠卖菜为生养活她。她眉间的伤是三岁时，女仆抱她上街，遇到两个疯子拿刀刺她留下的。韦固听了她的话，深深地感到了命运和"缘"的可怕，他吓得很久都说不出话来。

他等待了那么多年，奔走了那么多地方，离开了家乡那么多年，就是想逃离那份姻缘。没想到他还是没有躲开那根红绳子，没有躲开那个"缘"！幸运的是，他娶到的是个好姑娘。但在这个世界上，并不是每个人都像韦固那样幸运，而且，月下老人有时候也会疏忽，她会随便拴红绳子，所以造成了人间一些不幸的婚姻。

在过去的年代，年轻人特别是年轻的姑娘总是崇拜月下老人，她们总是向她祈祷，希望自己能得到一个幸福美满的婚姻。

根据唐代李复言《续玄怪录》改写

生词 Vocabulary

1.	掌管	zhǎngguǎn	动	to be in charge of
2.	缘	yuán	名	karma
3.	独特	dútè	形	unique, distinctive
4.	抽象	chōuxiàng	形	abstract
5.	冷清	lěngqing	形	cold and cheerless, desolate, deserted
6.	古怪	gǔguài	形	eccentric, odd, strange
7.	结缘	jié yuán		to form ties (of affection etc.)
8.	拴	shuān	动	to fasten
9.	仇人	chóurén	名	personal enemy
10.	悬殊	xuánshū	形	great disparity
11.	捉弄	zhuōnòng	动	to tease
12.	扯	chě	动	to tear, to pull
13.	眉	méi	名	eyebrow
14.	侄女	zhínǚ	名	niece

15. 如花似玉	rúhuā-sìyù		as pretty as a flower
16. 疯子	fēngzi	名	lunatic, madman
17. 刺	cì	动	to stab, to prick

综合练习

Exercise One: Remembering Details

细读本文，指出下列句子提供的信息是对的还是错的。如是错的，请改成正确的答案

1. 这个故事发生在西方神话里。　　　　　　　　　　　　　　　　（　　）
2. 月下老人是一个掌管月亮的神。　　　　　　　　　　　　　　　（　　）
3. "缘"是唐朝时候人们信仰的一种宗教。　　　　　　　　　　　（　　）
4. 因为韦固不喜欢月下老人，所以月下老人给了他一个长得难看的妻子。（　　）
5. 因为韦固平时不好好儿读书，所以他读不懂月下老人的书。　　　（　　）
6. 月下老人配给韦固的妻子他不喜欢，他想杀掉她。　　　　　　　（　　）
7. 韦固虽然杀死了小女孩儿，可是他成功地逃跑了。　　　　　　　（　　）
8. 韦固刚开始不相信月下老人，后来相信了。　　　　　　　　　　（　　）

Exercise Two: Analyzing Ideas

根据文章内容，选择正确的答案

1. 中国老百姓相信月下老人的故事，是因为_____。
    A. 相信古代哲学　　　　B. 相信缘　　　　C. 相信神话

2. 韦固总是娶不到妻子，是因为他_____。

　　A. 家里很穷　　　　　　B. 年纪太大　　　　　　C. 还没遇到"缘"

3. 那天韦固到庙门去等待_____。

　　A. 月下老人　　　　　　B. 大官的女儿　　　　　C. 老婆婆

4. 月下老人袋子里装的是_____。

　　A. 一本大书　　　　　　B. 婚姻大事　　　　　　C. 红绳子

5. 这篇文章主要告诉我们要_____。

　　A. 尊敬月下老人　　　　B. 尊敬卖菜的人　　　　C. 相信"缘"

Exercise Three: Synonyms

根据上下文的意思，找出句中加点词的同义词或它的意思

1. 中国的神话传说里也有专门掌管男女婚姻的神，人们把这个神叫作"月下老人"。

　　（　　）

　　A. 负责　　　　　　　　B. 喜欢　　　　　　　　C. 关心

2. 可是他去得太早，那时天还没亮，庙门口很冷清，根本就没有他想看到的姑娘。

　　（　　）

　　A. 寒冷　　　　　　　　B. 清楚　　　　　　　　C. 安静

3. 他看到书上的字非常古怪，他不认识。（　　）

　　A. 古老　　　　　　　　B. 奇怪　　　　　　　　C. 不清楚

4. 即使后来这两家人是仇人，或者他们贫富悬殊、相隔遥远，只要我用红绳子把他们拴到一起，那他们永远也离不开对方了。（　　）

　　A. 没有差别　　　　　　B. 差别很大　　　　　　C. 特殊

5. 韦固非常生气，他觉得这个老太太是在捉弄他，他恨这个老人。（　　）

　　A. 欺负　　　　　　　　B. 玩弄　　　　　　　　C. 杀害

6. 他想，我偏偏不信你的红绳子，我要把它扯断，让你的预言不能实现！（　　）

　　A. 正好　　　　　　　　B. 故意　　　　　　　　C. 反正

Exercise Four: Discussion Questions

讨论下面的问题

1. "月下老人"是做什么的？人们为什么相信她？

2. 韦固为什么会对月下老人的书感兴趣？

3. 月下老人是怎样解释她的工作的？

4. 听了月下老人的话以后，韦固相信不相信她的说法？

5. 韦固为什么要反抗月下老人的安排？他反抗成功了吗？

6. 到了最后韦固相信不相信月下老人的话？为什么？

7. 你相信缘吗？为什么？

第十一课　史湘云说阴阳

题解　本文根据曹雪芹所作《红楼梦》第三十一回中的部分内容适当进行了改写。史湘云是一个美丽而富有才学的千金小姐，但她父母早逝，她的家庭渐渐衰落了。史湘云年幼时在贾府（亲戚家）生活过几年，贾府是她的第二个家，她对那里的生活很熟悉，也很依恋。贾府里有很多姐妹可以陪她一起吟诗作画，嬉戏打闹。史湘云最开心的事就是去贾府住上几天。第三十一回中叙述了贾母接史湘云回贾府的一段故事，其中提到了史湘云与她的丫环翠缕谈论"阴阳"这个深刻的哲学题目……

史湘云来到贾府，见过贾母后就去找众姐妹聊天儿。大家说笑了一回，她便带着丫环翠缕出来了。路上，她们经过一个美丽的花园。翠缕看着池中的荷花问道："小姐，这池子里的荷花怎么还没开？"湘云说："是时候还没到呢。"翠缕说："那边的花儿真好看，接连四五枝，一层花儿上面又有一层花儿。真奇怪，这花儿怎么长得

第十一课　史湘云说阴阳

这么好？"湘云说："花草也跟人一样，如果气脉充足就会长得好。"翠缕说："我不信，要是花儿跟人一样，我怎么没见过一个人的头上会长出另一个头来呢？"

湘云听了笑着说："傻丫头，我不想听你说话，你偏偏要问一些稀奇古怪的问题。你知道吗，天地间所有的东西都是根据阴阳二气生出来的，或正或邪，或奇或怪，千变万化，都是阴阳的协调和变化。不管什么奇怪的东西，都不能违背这个道理。"翠缕说："这么说，从古到今，开天辟地，所有的东西都是阴和阳了？"湘云又笑着说："你真傻，不能这么简单地说。其实'阴阳'这两个字，说到底就是一个字——阳尽了，就成了阴；阴尽了，就成了阳。阴阳互相配合，互相补充。不是阴尽了就有另一个阳生出来，阳尽了又有另一个阴生出来。所以，怎么会有两个头的人呢？"

翠缕着急地说："这可糊涂死我了！到底什么是阴阳？它们没影没形的。我只想问问您，这阴阳到底是个什么样儿？"湘云说："这阴阳不过是气罢了。不管什么东西，有了气，才能有它的本质。比如天是阳，地就是阴；水是阴，火就是阳；太阳是阳，月亮就是阴。"翠缕听了，笑着说："我明白了，我明白了！我现在才知道人们为什么把日头叫作'太阳'，算命先生把月亮叫作'太阴星'了，我想也是这个道理。"湘云说："阿弥陀佛！你总算明白了！"

翠缕接着问道："这些大的东西有阴阳也就罢了，难道连蚊子、小虫子、花草树木、小石头等也有阴阳吗？"湘云说："怎么没有呢！连一片树叶都分阴阳呢，向着太阳的一面是阳，而背着太阳的那一面就是阴。"翠缕听了，点头笑着说："原来是这样，我现在明白了。可是我们手里的这把扇子，它哪儿是阳，哪儿是阴呢？"湘云说："扇子的正面是阳面，那反面当然就是阴面了。"

翠缕又点头笑了。她还想拿几件东西来问，可是一时想不起来。她低头忽然看见湘云身上戴着一个金麒麟的首饰，她笑了，拿着给湘云看："小姐，难道这个也有阴阳？"湘云说："飞鸟走兽，雄的是阳，雌的是阴，怎么会没有阴阳呢？"翠缕说："那么您的这个金麒麟是公的还是母的呢？"湘云看她问得有些粗傻，就说："呸！什么'公'的'母'的，说得多难听啊！"这时，翠缕忽然又问道："哎！什么东西都有阴阳，咱们人有没有阴阳啊？"湘云说："你这个傻东西，什么都问！你好好儿走你的路吧！"翠缕这时笑着说道："这有什么不好告诉我的呢？其实我已经知道了，您别拿这个当难题难我。"湘云忽然笑出声来了，说："傻丫头，你知道什么？"翠缕说："小姐是阳，我是阴。"湘云看她说得有趣，就拿手绢捂着嘴大笑了起来。翠缕说："我说对了，您就高兴成这样？"湘云说："对，对！"翠缕接着说："人们说主人是阳，仆人是阴，您以为我难道连这个道理都不懂吗？"湘云仍然捂着嘴笑着说："说得对，对极了！"

根据《红楼梦》改写

生词　　Vocabulary

1. 荷花	héhuā		名	lotus
2. 气	qì		名	spirit, vigor, pneuma
3. 脉	mài		名	pulse, arteries and veins

4. 稀奇古怪	xīqí-gǔguài	形	strange, rare
5. 邪	xié	形	evil, heretical
6. 协调	xiétiáo	动	to coordinate, to harmonize
7. 违背	wéibèi	动	to violate, to go against
8. 本质	běnzhì	名	essence, nature, intrinsic quality
9. 算命	suàn mìng		soothsaying
10. 阿弥陀佛	Ēmítuófó	名	Amitabha
11. 蚊子	wénzi	名	mosquito
12. 麒麟	qílín	名	kylin
13. 难题	nántí	名	difficult problem
14. 捂	wǔ	动	to cover, to muffle, to seal
15. 仆人	púrén	名	servant

综合练习

Exercise One: Remembering Details

细读本文，指出下列句子提供的信息是对的还是错的。如是错的，请改成正确的答案

1. 史湘云不喜欢花儿，喜欢稀奇古怪的问题。　　　　　　　　　（　　）
2. 丫环翠缕刚开始听不懂史湘云说的话。　　　　　　　　　　　（　　）

3. 史湘云只喜欢阳,不喜欢阴。　　　　　　　　　　　　　（　　　）

4. 史湘云认为阴阳是气,是一种东西的两个方面。　　　　　（　　　）

5. 史湘云认为大东西有阴阳,小东西没有阴阳。　　　　　　（　　　）

6. 翠缕认为动物也有阴阳,雄的是阳,雌的是阴。　　　　　（　　　）

7. 翠缕自始至终也没明白什么是阴阳。　　　　　　　　　　（　　　）

Exercise Two: Analyzing Ideas

根据文章内容,选择正确的答案

1. 湘云和丫环去花园是因为_____。

   A. 去外地　　　　　　B. 路过　　　　　　C. 看望亲戚

2. 湘云认为"阴"和"阳"这两个字是_____的。

   A. 稀奇古怪　　　　　B. 开天辟地　　　　C. 互相配合补充

3. 翠缕听了湘云的话以后感到很糊涂,是因为阴阳_____。

   A. 协调变化　　　　　B. 没影没形　　　　C. 是稀奇古怪的东西

4. 翠缕觉得大东西有阴阳,小东西_____阴阳。

   A. 一定有　　　　　　B. 可能没有　　　　C. 当然有

5. 湘云认为区分飞鸟走兽的阴阳主要是依据_____。

   A. 雌雄　　　　　　　B. 本质　　　　　　C. 大小

Exercise Three: Synonyms

根据上下文的意思,找出句中加点词的同义词或它的意思

1. 我不想听你说话,你偏偏要问一些稀奇古怪的问题。（　　　）

   A. 千奇百怪　　　　　B. 奇形怪状　　　　C. 花里胡哨

2. 天地间所有的东西都是根据阴阳二气生出来的,……都是阴阳的协调和变化。（　　　）

   A. 调合　　　　　　　B. 补充　　　　　　C. 协助

3. 不管什么奇怪的东西，都不能违背这个道理。（　　）
   A. 同意　　　　　　　B. 违反　　　　　　　C. 根据
4. 我现在才知道人们为什么把日头叫作"太阳"，算命先生把月亮叫作"太阴星"了，我想也是这个道理。（　　）
   A. 算别人的命运　　　B. 管理命运　　　　　C. 改变别人的命运
5. 翠缕这时笑着说道："这有什么不好告诉我的呢？其实我已经知道了，您别拿这个当难题难我。"（　　）
   A. 简单的问题　　　　B. 奇怪的问题　　　　C. 不好回答的问题

Exercise Four: Discussion Questions

讨论下面的问题

1. 史湘云为什么说花草跟人一样呢？
2. 翠缕问了一些什么稀奇古怪的问题？
3. 阴阳是一个十分难懂的抽象问题，史湘云是怎样以通俗易懂的道理来解释它的？
4. 读完这篇文章，你懂得了一些关于阴阳的道理了吗？

3 单元　中国的农民

预习提示：

1. 你了解中国的农民吗？你知道中国农民的历史和他们的生活吗？
2. 你了解中国农民的思想是怎样影响现代中国人的生活的吗？
3. 你想了解中国的农民吗？你认为应该怎样了解？

第十二课　中国的农民

美国一位著名的汉学家 Myron Cohen 教授说过这样一句话：不了解中国的农民，你就永远不能理解中国。这句话可以被看成至理名言。

为什么呢？熟悉中国历史的人都知道，自古以来，中国就是一个农业国，传统中国在社会结构和性质上基本是个农业社会。农业文化的思想深深地扎根在中国普通老百姓心里。

无可否认，在今天的中国，很大一部分人口仍然是农民。在城市工作的很多人就是从农村出来的，有的人只是从父辈才开始脱离农村来到城市。古代时，城市在中国地理上只占很小一部分面积，"真正的"城里人很少，绝大多数中国人都是农村人。查一查普通中国人的家谱，往上追溯三四代，可以发现，差不多每家人的祖辈都跟农民有关系。因此，农民的思想意识、生活习惯、行为、认识问题和处理问题的方式在日常生活中的各个方面都在自觉或不自觉地影响着今天中国人的生活。所以，要想了解中国人和中国文化发展演变的内涵，不了解中国的农民行吗？

有人说过，中国的农民是天底下最老实厚道的人，历史书上说的"中国人勤劳、勇敢、善良"等都是赞扬农民的；但也有人认为历史上农民比较缺少文化，性格粗鲁、倔强，而且有点儿桀骜不驯。学习中国的历史，我们知道，几千年来中国的农民生活在社会的底层，受到种种压迫和折磨；但在史书上我们也能看到农民揭竿而起造反、凶猛、勇敢、无知而又粗暴的一面。书上对农民的这些描述往往是矛盾的。那么，到底哪一面是中国农民真正的性格呢？

若想了解这个问题，我们最好回顾一下儿中华文明的历史。按照史书和文献记载，自古中国政府是最重视农业和最尊重农民的。古时候的百姓主要是农民，他们要种粮食养活自己、养活国君；而且，连国君和皇帝的祖先都是农民，皇帝每年要祈祷上天保佑农民、祈求风调雨顺，努力让大家过上好日子。他们尊重农民也就是尊重自己。

那时候，为了鼓励农民辛勤劳动，政府为了表示尊重他们，常常说"民为重，君为轻"。这里就包含着要爱护老百姓、尊重农民的意思。古代法律规定：每年年初，皇帝要代表农民去祈求天神，要第一个下田种地，给全国的农民做榜样。这样做的目的也表示，即使尊贵如皇帝也不能忘本，也要尊重农民。除此以外，政府还制定了一系列的政策来确立并保护农民的利益。比如在汉代就制定了"重农抑商"的制度，规定农业是国家最重视也是最重要的行业。

为什么要"重农抑商"呢？因为长年在地里干活儿当农民太劳累太辛苦了，而有些人弃农经商很快就富起来了。这样，可能有人就会不愿意再继续当农民了。看到这种情况，政府怕农民都去经商赚钱，没人种庄稼，没有粮食吃就会天下大乱了。于是政府规定，全社会都应该尊重农民、不应该学商人那样去赚钱。除此以外，国家政策还对商人的权益有种种限制。比如法律规定商人不能买卖土地，商人不能穿丝绸做的衣服，等等。这样做的目的其实不是为了让人们歧视商人，而是规劝大家要踏踏实实地工作，不要投机取巧。但是，这样做的作用并不大，因为经商可以获得很大的利益，它对很多人有吸引力。所幸，经商有风险，而且也需要本钱，农民们往往没有本钱也不愿意冒险，所以古代农民们很少转行去经商。

虽然古代中国政府的法律和口头上强调重农抑商，可是实际情形怎么样呢？其实有些人包括制定法律的人却并不那么真诚地尊重农民。古时候的读书人往往很**清高**，认为他们是知识分子，是靠智慧来领导别人的人；而农民是靠做体力活儿**谋生**的人，农民只能接受读书人来领导和统治。但是那时候读书人虽然有学问，可是他们往往脱离老百姓，缺乏一些基本的生活常识和实践本领。这样，读书人看不起农民，农民也不**买**读书人的**账**，经常会因此产生一些各种各样的社会矛盾。

由于孔子的思想影响了后来中国文化的发展，特别是孔子的著作成了读书人参加科举考试的必读书，考中科举的人又成了统治中国的官僚，因此孔子的思想也就成了中国的统治思想。孔子所代表的文化是知识分子的文化，是中国**士大夫**文化。它决定了几千年来农民在中国社会中的地位。

中国古代士大夫文化和农民文化是完全不同、完全**隔阂**的两种文化。旧时代的读书人看不起农民却又离不开农民。读书人往往喜欢**自我标榜**，他们自视甚高，看不起农民。这些人虽然很骄傲，却需要农民为他们服务。而农民呢？农民则认为，读书人几乎什么农活儿都不会做，却喜欢**指手画脚**；他们表面上**风雅**，实际却有些虚伪、爱**卖弄**，**心口不一**。就这样，在古代，读书人所代表的士大夫文化和农民代表的民间文化、俗文化之间几乎永远有着冲突。

中国的农民身上有着很多优秀的品质。他们善良、肯吃苦，做事**任劳任怨**，生活节省**朴素**，有同情心。他们还有一个最大的优点是喜欢帮助别人。中国的农民虽然对自己很**节俭**，但是他们非常爱面子，特别是他们看到别人遇到困难时往往非常慷慨，有的人会冒着很大的危险甚至不怕**倾家荡产**去帮助受难的人。因此，遇到**困厄**时，与一个农民的友谊往往就显得尤其珍贵了。

但中国的农民也有另一面。他们有时候也很自私，会**盘算**。因为生境艰难，他们不仔细盘算就很难活下去。生活的磨难有时会使他们变得狡黠、粗鲁、麻木不仁、随遇而安，有时候也会让他们变得工于心计。遇到没法处理的问题时他们可能会推托、装傻。中国的农民一般情况下非常能忍，但到了忍无可忍的时候，他们也会被逼上梁山，铤而走险。

因为自古以来大部分中国人是农民，所以，在某种意义上，农民的意识也就成了中国人的意识。农民跟土地最亲，土地是农民最大的梦。中国人自古就离不开土地。他们不愿搬家，不愿意离开生养他们的土地。他们把土地看成自己的家乡，把离开土地说成是背井离乡。中国人孝敬父母，也尊敬土地。孔子说"父母在，不远游"，就是劝人们不要轻易离开家和土地。古代的人即使离开家往往也要带上一把家乡的土……

近年来，随着中国社会的发展和现代农业的进步，中国农产品的生产日益丰富，粮食生产也极大满足了人民的生活需要。当代中国实行了农业现代化的改革计划，在这个计划中，农村城市化是一个社会经济发展的重要步骤。最近二十年，很多中国农业人口变成了城镇和工商服务业人口，农民们在以不同的形式融入城市、成为了城里人。农村城市化的目标是逐步消灭城乡差别，让全国的农民都过上好日子。

这个现代化发展的大目标还包括要用现代农业代替传统农业，注重科学和新技术的开发，让农民变成新科技的使用者和受益者。此外，它还要把传统农民从以务农为生的旧的生活和生产方式中提升出来。现代的农民不仅能务农，也要学会从事以工商服务业等形式谋生的手段。今天中国的农民已经不再是旧时代农民的模样，他们不仅能种田，也可以是工程师、技术员、旅游服务业的管理者、服务员、厨师、小老板、歌手、司机和各种各样的建设者。中国的农民正成功地走在向现代化新生活进军的大路上。

生 词　Vocabulary

1. 汉学家	漢學家	hànxuéjiā	名	研究中国文化、历史、语言等方面的外国学者　Sinologist, scholar who studies Chinese culture
2. 至理名言	至理名言	zhìlǐ-míngyán		最正确的道理，最有价值的话　famous dictum
3. 扎根	紮根	zhā gēn		植物的根深入到土中生长　to take root
4. 无可否认	無可否認	wúkěfǒurèn		没有办法不承认　cannot deny
5. 脱离	脫離	tuōlí	动	离开，断绝关系　to separate oneself from
6. 面积	面積	miànjī	名	表示平面或物体表面的大小　area
7. 家谱	家譜	jiāpǔ	名	家族记录本族世系及重要人物事迹的书或图表　family tree, genealogy
8. 追溯	追溯	zhuīsù	动	顺着水流向上寻找，比喻逆着时间顺序去查考、回忆或探索事物由来　to trace back to, to date from
9. 演变	演變	yǎnbiàn	动	经历很久时间逐渐发展变化　to develop, to evolve
10. 厚道	厚道	hòudao	形	宽厚、诚恳　honest and kind, sincere
11. 粗鲁	粗魯	cūlǔ	形	谈话和行为无礼，不懂礼貌　rough, boorish, rude
12. 倔强	倔強	juèjiàng	形	性情刚强，坚持自己的主张，固执　wild, stubborn
13. 桀骜不驯	桀驁不馴	jié'àobúxùn		性情倔强、不听话　wild, intractable
14. 折磨	折磨	zhémó	动	让人的精神或肉体上感到痛苦　to torment

15. 揭竿而起	揭竿而起	jiēgān'érqǐ		指武装起义　to start a revolution or an uprising
16. 凶猛	凶猛	xiōngměng	形	性格凶恶，力气强大　violent, ferocious
17. 风调雨顺	風調雨順	fēngtiáo-yǔshùn		风雨适合农时　favorable weather, good weather for the crops
18. 忘本	忘本	wàng běn		境况好后忘掉自己的出身，不珍惜过去　to forget one's origins
19. 确立	確立	quèlì	动	稳固地建立　establish firmly
20. 权益	權益	quányì	名	权利和利益　rights and interests, legal right
21. 歧视	歧視	qíshì	动	看不起，不公正地对待　to treat with bias, to discriminate
22. 规劝	規勸	guīquàn	动	告诫劝说　to admonish, to advise
23. 踏踏实实	踏踏實實	tātāshíshí		实在、切合实际，安定　dependable, solid
24. 投机取巧	投機取巧	tóujī-qǔqiǎo		利用时机和不正当的手法来获求私利或靠小聪明来取得成功　to be opportunistic
25. 所幸	所幸	suǒ xìng		幸运的是……　fortunately
26. 风险	風險	fēngxiǎn	名	可能发生的危险　risk
27. 本钱	本錢	běnqián	名	用来营利、生息和赚钱的资本或可以凭借的资历、能力、条件等　capital
28. 清高	清高	qīnggāo	形	人品纯洁高尚，不同流合污，性格孤独不合群　pure and lofty
29. 谋生	謀生	móushēng	动	维持生活的方法　to make a living
30. 买账	買賬	mǎi zhàng		承认对方的长处或优点，表示佩服、服从　to show respect for

第十二课　中国的农民

31. 士大夫	士大夫	shìdàfū	名	指古代社会的官僚阶层和有地位的读书人　literati, functionary
32. 隔阂	隔閡	géhé	名	情意不通或思想上的距离　estrangement
33. 标榜	標榜	biāobǎng	动	用好听的话来宣扬，吹捧，吹嘘　to flaunt, to advertise, to parade, to boast, to excessively praise
34. 风雅	風雅	fēngyǎ	形	文雅，懂礼貌，有风格　elegant, graceful
35. 卖弄	賣弄	màinòng	动	有意显示、炫耀自己的本领　to show off
36. 任劳任怨	任勞任怨	rènláo-rènyuàn		做事努力，经得起劳苦和别人的抱怨　to work hard and endure criticism
37. 朴素	樸素	pǔsù	形	简单、节约的作风　plain living style
38. 节俭	節儉	jiéjiǎn	形	用钱用物等有节制，俭省　thrifty, frugal
39. 倾家荡产	傾家蕩產	qīngjiā-dàngchǎn		把全部家产都付出了或丧失　to lose a family fortune
40. 困厄	困厄	kùn'è	形	处境艰难、不幸　distress
41. 盘算	盤算	pánsuan	动	计划，估计，仔细算计　to calculate, to figure, to plan
42. 狡黠	狡黠	jiǎoxiá	形	狡猾，奸诈　sly, cunning
43. 麻木不仁	麻木不仁	mámù-bùrén		失去知觉不能活动，比喻思想不敏锐，对外面的事物反应慢或不关心　numbed, paralyzed, apathetic, insensitive
44. 随遇而安	隨遇而安	suíyù'ér'ān		能适应各种环境，在任何环境中都能安定　to fit in anywhere
45. 工于心计	工于心計	gōngyúxīnjì		善于用心计得到好处　to be smart on planning (tricks)

46. 推托	推託	tuītuō	动	找理由拒绝或不愿意负责任 to give excuse (for not doing sth.)
47. 忍无可忍	忍無可忍	rěnwúkěrěn		没有办法忍受下去 more than one can bear
48. 逼上梁山	逼上梁山	bīshàng-liángshān		被迫反抗或造反 to be driven to revolt
49. 铤而走险	鋌而走險	tǐng'érzǒuxiǎn		走投无路而采取冒险的行为 to take desperate risk
50. 背井离乡	背井離鄉	bèijǐng-líxiāng		不得已离开家乡到外地生活 to be forced to leave one's hometown, to be away from home
51. 日益	日益	rìyì	副	一天比一天更加 day by day, more and more
52. 步骤	步驟	bùzhòu	名	事情进行的程序 step, procedure
53. 逐步	逐步	zhúbù	副	一步一步地 step by step, progressively
54. 开发	開發	kāifā	动	开拓荒地或新领域；发现人才和技术等 to develop, to open up, to exploit
55. 受益者	受益者	shòuyìzhě	名	得到好处的人 beneficiary, beneficial owner

习惯用语和特殊表达用语

1. 至理名言：[至] 最高。最高的道理，最有名的话。表示真理。

（1）法国作家雨果说过："信仰，是人们所必须的。什么也不信的人不会有幸福。"这句话被认为是至理名言。

（2）在中国古时候，孔子说的话常常被认为是至理名言。

2. 桀骜不驯：不听话，很难教育。

（1）这个将军虽然打了很多胜仗，但他后来越来越骄傲和桀骜不驯，皇帝最后把他杀了。

（2）对不起，我不愿意跟这一群桀骜不驯的人一起工作。他们几乎从来不听别人的建议，很难跟他们相处。

3. 揭竿而起：[揭] 高举。[竿] 竹竿，比喻旗帜。表示武装起义。

（1）他的统治太残暴了，人民终于忍无可忍，揭竿而起，推翻了暴君。

（2）在中国历史上，第一次最大的揭竿而起的农民起义是秦朝陈胜、吴广领导的农民起义。

4. 风调雨顺：[调] 调和，合适。[顺] 适合，适应需要。

（1）今年风调雨顺，农民们大获丰收。

（2）我们一定要注重搞好水利，即使在风调雨顺的年景也要维护好水库和河道，以免遇到自然灾害时出问题。

5. 重农抑商：[重] 重视。[抑] 控制、克制，使它得不到发展。这里指重视农业，控制商业发展。

（1）中国自汉代以来，一直推行一种重农抑商的政策。

（2）商业在中国近几十年来得到了非常充分的发展，中国人早已抛弃重农抑商的保守观念了。

6. 踏踏实实：指工作很努力，很实在。

（1）老李平时工作总是踏踏实实的，所以大家都喜欢跟他合作。

（2）别看他平时说得好，可是他干活儿一点儿也不踏实。

7. 投机取巧：寻找机会，总是希望占便宜，得到好处。

（1）我不愿意跟投机取巧的人打交道，所以请你别把我介绍给他。

（2）喜欢投机取巧的人虽然有时候能得到暂时的便宜，但是长期看，这种人不会有真正的朋友。

8. 自我标榜：喜欢自己表扬自己，自己吹嘘自己。

（1）我不喜欢吹牛的人。每当遇到喜欢自我标榜的人的时候，我都格外小心。

（2）如果他说的那些事情都是真的，那我们就应该尊敬他，不能说他是自我标榜。

9. 指手画脚：觉得自己高明，轻率地对别人做的事情提批评意见。

（1）老王对别人总是喜欢指手画脚的，说别人做得这也不对，那也不对。可是你如果让他做，他自己却什么也做不来。

（2）你如果真的愿意帮忙你就去做，别总是在背后指手画脚。

10. 心口不一：心里想的和嘴上说的不一样。指一个人虚伪，不真诚。

（1）他每次说得都很好听，可是做的完全是另一个样子，对这种心口不一的人我们一定要小心。

（2）没有人愿意跟心口不一的人交朋友，因为你永远不知道他们会在什么时候出卖你。

11. 任劳任怨：[任] 任凭，听凭。肯吃苦，能经受艰苦的劳动，而且经得起抱怨。

（1）他对工作总是任劳任怨，从不抱怨。

（2）要想当一个好的领导者，你必须不怕吃苦，任劳任怨，这样才能做好工作。

12. 倾家荡产：[倾] 用尽。指花费或消耗掉全部的家产。

（1）为了救自己的朋友，他奔走了十年，几乎倾家荡产，最后终于证明了他的朋友无罪。

（2）一场大火使他一夜之间倾家荡产。

13. 麻木不仁：对外界事物没有热情，没有反应或一点儿也不关心。

（1）她这个人性格就是这样，平时对什么事都不关心，对一切都麻木不仁。

（2）你不用找他帮忙，他对什么都是麻木不仁，他不会帮你的。

14. 随遇而安：遇到任何情况都能适应，在任何环境下都能满足。

（1）他是个随遇而安的人，对生活没有太高的要求。

（2）来到这个陌生的地方，凡事都要靠自己，做什么都挺难，但也只能随遇而安了。

15. 工于心计：[工] 善于。指善于用心谋划，心计比较多。

（1）虽然他很聪明，可是我不喜欢像他那样工于心计的人。

（2）她太单纯善良了，常常被工于心计的人算计。

16. 忍无可忍：再也没有办法忍受下去。

（1）我本来并不想理他，可是后来看到他太不讲理了，实在忍无可忍才跟他争论了起来。

（2）即使你忍无可忍，也不应该动手打人啊！你一动手就麻烦了。

17. 铤而走险：指无路可走而不顾一切地去冒险。

（1）他平时是个非常胆小的人，这次居然铤而走险地做出了这样可怕的事，真让人不能相信。

（2）虽然他平常看上去不太喜欢说话，可是我相信他有一种敢于铤而走险的性格。

18. 背井离乡：[背] 离开。[井] 古代制度八家为一井，后来借指人口聚居的地方或乡里。"背井离乡"指离开故乡，到外地生活或工作。

（1）那时候，这里遇到了大洪水，很多人的家和田地都被毁了，村里的人只好背井离乡到别的地方去生活。

（2）大家当然都愿意留在老家过安稳的日子，要不是因为生活困难，有谁会愿意背井离乡到几千里以外的地方去打工呢？

句型和词语操练

• 脱离

1. 如果脱离了中国的现实来谈论中国的人口问题，你永远不会得出正确的结论。

2. 你要想学好中国的文化，_____。

3. 自从离开了农村以后，他就渐渐地_____
_____。

• 追溯

1. 这种思想的起源可以一直追溯到中国的汉代。

2. 要想把这个历史问题搞清楚，_____
_____。

3. 为什么要追溯这个问题发生的根源呢？_____
_____。

• 忘本

1. 没想到，他竟这么快就忘本了。

2. 虽然他后来在事业上非常成功，_____
_____。

3. 其实，他并没有忘本，_____
_____。

• 歧视

1. 世界上的任何一个种族都不应该歧视其他的种族。

2. 虽然现在他的英文不够好，_____
_____。

3. 你不能因为数学成绩比别人好就歧视别人，_____
_____。

• 规劝

1. 他父母规劝过他好多次不要做坏事，他始终不听，直到后来被送进了监狱。

2. 如果他永远不想承认错误，_____
_____。

3. 我们在规劝别人时_____
_____。

• 所幸

1. 这次的病毒灾害很严重，所幸我们学校及时确定了防疫措施，没有人染病。

2. 这座大楼失火了，很多人受了伤，_____
  _____。

3. 我要赶飞机，可是却起晚了，_____
  _____。

- 清高

 1. 一个人的性格如果太清高，往往不太容易交到朋友。

 2. 其实他并不是一个很清高的人，_____
  _____。

 3. 我觉得这个人平时很随和，_____
  _____。

- 标榜

 1. 虽然他很有才华，也非常成功，但是他的确有点儿太喜欢自我标榜，所以导致很多人都不喜欢他。

 2. 我不认为一个人向别人介绍自己的成绩就是标榜，_____
  _____。

 3. 他这样做的意思难道不明显吗？他不过就是_____
  _____。

- 推托

 1. 这次我们请客不必叫他了，因为以前每次请他他都借故推托不来。

 2. 虽然我不喜欢推托，_____
  _____。

 3. 如果别人是真心实意地请你，_____
  _____。

- 日益

  1. 近年来空气污染日益严重，政府推出了很多政策来保护环境。
  2. 随着对对方的了解越来越深，他们两人的友情在_____，两个人的合作也越来越密切了。
  3. 这两个国家在汽车生产方面的竞争日益激烈，_____。

综合练习

一、根据课文内容，回答下列问题

1. 为什么这位汉学家说"不了解中国的农民，你就永远不能理解中国"？
2. 农业文化对中国的过去、现在产生过什么样的影响？它对中国的未来会产生什么样的影响？
3. 研究中国农民的思想和研究当代中国人的思想有什么关系？
4. 你是怎么看待中国农民"勤劳善良"和"桀骜不驯"的矛盾性格的？
5. 在古代，中国政府是采取一种什么样的态度来对待农民的？
6. 谈谈农民和商人的关系问题，并说一说中国古代为什么要"重农抑商"。
7. 中国古代的读书人为什么看不起农民？农民又为什么看不起读书人？
8. 根据课文内容，谈谈中国农民的优点和他们的缺点。
9. 中国人的乡土观念对他们的文化产生了什么样的影响？
10. 中国的现代化是怎样改变今天农村的生活和农民的面貌的？
11. 请你谈谈传统的中国农民和当代中国农民有什么不同。
12. 你去过中国吗？你了解中国农民过去和现在的生活吗？如果你去过中国，请谈谈你见过或听说过的农民故事。如果没去过，请在网上寻找感兴趣的农民故事跟大家讨论一下儿。

二、用下列词语造句

1. 无可否认：___
2. 脱离：___
3. 追溯：___
4. 演变：___
5. 厚道：___
6. 忘本：___
7. 权益：___
8. 歧视：___
9. 清高：___
10. 标榜：___
11. 任劳任怨：___
12. 节俭：___
13. 盘算：___
14. 推托：___
15. 逐步：___

三、找出下列每组词中的同义词

- 脱离　　　　离开　　　　解脱　　　　分离
- 追溯　　　　寻找　　　　追求　　　　探讨
- 演变　　　　变化　　　　进步　　　　前进
- 内涵　　　　内部　　　　内容　　　　里面

- 厚道　　　　听话　　　　　老实　　　　　忠厚
- 阶层　　　　阶级　　　　　层次　　　　　阶段
- 歧视　　　　重视　　　　　看不起　　　　歧见
- 嘲笑　　　　好笑　　　　　笑话　　　　　歧视
- 掩饰　　　　遮盖　　　　　假装　　　　　重视
- 清高　　　　高傲　　　　　明白　　　　　清楚
- 节俭　　　　接受　　　　　简单　　　　　节约
- 推托　　　　推动　　　　　借口　　　　　托人
- 捉弄　　　　嘲笑　　　　　歧视　　　　　戏弄
- 日益　　　　每天　　　　　天天　　　　　越来越

四、选词填空

> 随遇而安　　歧视　　追溯　　当心　　嘲笑　　谋生
> 清高　　标榜　　不可思议　　日益　　规劝　　粗鲁

1. 中国文明发展的历史可以一直_____到五千年以前。

2. 我一直_____他早点儿复习，他不听，结果大考时考了个不及格。

3. 即使他学习不好，我们也不应该_____他，他平时是很努力的。

4. A：他花钱这么大手大脚，好像很有钱。他是靠什么_____的呢？

   B：嗨，别提啦。他到现在还没找到工作，花的都是父母的钱呢！

5. 真正有本领的人并不会_____别人，倒是那些平时并没有多少才能的人却常常看不起人。

6. 他常常喜欢_____自己有多么聪明，可是事实上他一点儿都不比别人聪明。

7. 他是一个大学教授，居然连这么简单的问题都回答不出来，真是让人觉得_____。

125

8. 其实他自己并没有什么好_____的。他学习很差，人品也不怎么样。有人巴结他是因为他爸爸是个有钱的大老板。

9. 你不必生他的气。他这个人虽然有点儿_____，可是他的心并不坏，请你原谅他吧。

10. 老李的脾气真好，从来没听到他抱怨过什么。不管在什么样的情况下，他都能_____。

11. 跟这样的人打交道你可要_____，他从来都是说话不算数的。

12. 现在竞争_____激烈，很多年轻人很难找到自己满意的工作。

五、用括号里的词语改写句子

1. 不管是什么人，都要尊重农民，连皇帝也要尊重农民。（即使……也）

2. 学经济专业很容易找到工作，它对大学生很有吸引力。可是，并不是所有的人都喜欢学经济，有很多人在学习电脑、医学、数学等其他重要的学科。（……，所幸……）

3. 有人说，中国的农民老实厚道；也有的人说中国的农民粗野，不懂道理。我们到底该听谁的呢？（一方面，……另一方面，……）

4. 古时候，中国政府为了发展农业，不仅采取了重农抑商政策，还对商人提出了种种限制。（除了……以外，还……）

六、写作练习

1. 用一句话来总结出课文中每一个段落的意思。

2. 用三句话来概括出这篇课文的主要内容和观点。

3. 请你自己查找一些有关的材料,了解一下儿目前中国的农业改革、农民面临的问题,并谈谈如何去解决这些问题。

4. 你了解中国古代农民的生活吗?你了解今天中国农民生活的变化吗?请写一篇短文,谈谈通过学习本课,你了解了哪些关于中国农民的知识。

5. 请你以"中国农民"为题,上网查找一些你认为有意义的题目,并写一篇发言提纲,大家一起讨论一下儿。

6. 作文:《谈谈中国农民和中国文化的关系》

《我们国家的农民》

《美国的农业和农业工人制度》

第十三课　乡下人刘姥姥

在过去，人们习惯上认为中国乡下人胆小怕事，有些自私。因为怕事，所以他们往往没有是非心和正义感。但是这样的理解是不对的。我们这里讲的是一个农村老太太报恩的故事。其实，它的意义不只是报恩，而且展示了那时候农民生活的不易和社会生活的一些真实画面。

清朝中期，京城外有一个小村庄，庄里有一户人家。这家人祖上有人做过官，但后来家里破落了，成了农民。那时候，农村的日子非常穷苦，他们全家每天干活儿非常辛苦，可还是吃不饱、穿不暖。这家的男主人因为日子过得不好，整天不高兴，常常在家里跟妻子闹气。

他的妻子的母亲叫刘姥姥，刘姥姥七十多岁了，她看到女婿和女儿常常生气，心里也很着急。刘姥姥年纪大，经历的事情多，也很有经验，她打算想些主意帮助女儿女婿过好日子。

这一天，女婿和女儿又吵架了。刘姥姥劝女婿说："你别天天闹事生气，你应该想些办法多挣钱，天天闹能闹出钱来吗？"女婿不高兴地说："我当然也想去挣钱，可我一没有有钱的亲戚帮助我，二没有什么特殊的本领，我到哪儿挣钱去？"

说到有钱的亲戚，刘姥姥忽然想到："你家祖上曾经在城里做过官，跟城里有名的贾家有很好的关系。现在贾家在皇帝跟前当大官，又有钱又有势，你为什么不去求求他们呢？"

刘姥姥的女婿说："我家祖上和贾家并不是什么真正的亲戚，只是当年看到贾家有权势，巴结人家才**攀**上的亲戚。现在我是个又穷又笨的农民，根本不敢去见那些有权有势的人。"刘姥姥怎么劝他他都不敢去见贾家的人。最后刘姥姥无奈地说："反正我们现在是穷极了，没有什么可怕的，如果能到贾家求口饭吃，我不怕丢我的这张老脸。"

第二天，刘姥姥一大早就带着外孙板儿到城里去求贾家了。到了城里，看到贾家住的房子像宫殿一样，门口站着一些十分**威武**的守门人，刘姥姥早已吓得说不出话来了。她等了很久，总算想办法找到了过去她认识的一个熟人。通过这个熟人，她见到了贾家管理家务的当家人王熙（xī）凤。

王熙凤是一个有名的大官的女儿，她从小就非常聪明，长得如花似玉。后来她嫁到了贾家，因为她**绝顶**聪明又精明能干，深受贾家长辈的喜爱和信任。贾家有成千上万的金银，都由她来管理。刘姥姥的熟人正好认识王熙凤身边的人，就想办法走后门带刘姥姥见到了王熙凤。

一见王熙凤，看着眼前那么年轻漂亮、珠光宝气的女子，刘姥姥以为是天上的神仙呢，吓得差点儿昏了过去。王熙凤没见过乡下人，她觉得刘姥姥很**粗笨**，但是想到过去贾家跟他们有些关系，就给了刘姥姥二十两银子和一些礼物来**打发**她。

刘姥姥根本就没想到这次她会求到这么多钱，她高兴得快要发疯了！二十两银子！这差不多是他们乡下人干好多年苦活儿才能挣到的钱，而她只到了贾家这么一会儿就得到了。同时，她也看到贾家每天都要花掉几百两银子，贾家的生活简直就像在**天堂**一样！拿着这么多钱，她觉得自己就像在做梦一样，不敢相信自己的好运气。

刘姥姥带着银子回到了乡下，她家一下子变富了。他们用这些银子买了地，又雇人帮他们种地，成了非常富有的农民。到了秋天，刘姥姥为了答谢王熙凤，就带了一些刚刚收获的新鲜瓜果第二次进了贾府。王熙凤当然不稀罕刘姥姥送的土产，但她天天待在贾府里过富贵的日子过腻了，希望听听外边的新鲜事。刘姥姥来了以后，她就把刘姥姥介绍给了老祖母和其他长辈，大家也喜欢听刘姥姥讲一些农村的故事和土话。就这样，富贵无比的贾府有了刘姥姥这样一个奇怪的农民"亲戚"。

刘姥姥到贾家去，每次都受到欢迎，每次都得到很多礼物。可是，刘姥姥知道，她是一个贫穷又没有知识的乡下人，贾府的人愿意接见她，只是因为她可以供大家取乐，成为大家的笑料，这些富人内心里是看不起她的。王熙凤常常拿她开玩笑甚至搞恶作剧，可是想到王熙凤曾经对自己有恩，刘姥姥还是尊敬她，想念她。

王熙凤有一个女儿，是个千金小姐，她是王熙凤的掌上明珠，但这个女孩儿从小身体就很弱。她是七月七日生的，这天是乞巧节，是牛郎织女相会的日子，也是个很悲伤的日子。大家都觉得是因为她的生日不吉利，所以她常常生病。那时人们很迷信，认为如果小孩儿身体不好，起个贱名字或者让乡下人抚养就会身体变强壮，因为乡下人命不好，连鬼都不愿意麻烦他们。王熙凤知道刘姥姥是个又粗蠢又贫穷的乡下人，她起的名字对自己的孩子一定有利。想到这些，王熙凤就让刘姥姥给自己的女儿起个名字。因她是乞巧节生的，刘姥姥就给这个小姐起名叫"巧姐儿"。

很多年过去了，巧姐儿长成一个美丽的大姑娘了，刘姥姥一家也成了有钱的农民。可是这时候，贾家忽然遇到了灾难。他们得罪了皇帝，皇帝不让他家的人当官了，把他们当成罪人，关进了监狱。贾家被皇帝抄了家，家里的财产也全部被没收了。每天过着天堂般的日子的贾家一下子变成了穷人。

第十三课　乡下人刘姥姥

看到自己的家庭遭受了这么大的灾难，贾家的老祖母难过得去世了，王熙凤也得了重病。贾家原来的那些贵族和有钱的朋友亲戚都不敢来看望他们，根本不搭理他们了。就在这时候，刘姥姥到贾家来了。

她是来看望病重的王熙凤的。王熙凤想到自己过去那么富有那么威风，要什么有什么，现在却成了这个样子，想到自己过去常常捉弄贫穷的刘姥姥，刘姥姥还来看望自己，她感动地流下了眼泪。王熙凤知道自己病得很重，很难好起来了，她也保护不了女儿了。一想到这一点，她痛苦极了。王熙凤最后求刘姥姥在她死后保护和帮助自己的女儿。

不久，她就病死了。王熙凤去世后，贾家的一些坏亲戚想把巧姐儿卖给远在边疆的一个王爷当小老婆。巧姐儿失去了母亲，父亲又不在身边，没人能保护她。就在这个万分紧急的时候，刘姥姥来了。她没有辜负王熙凤的委托，费尽周折把巧姐儿救出来，一直寄养在她的家里。最后，刘姥姥又帮巧姐儿找到了一个好丈夫，巧姐儿过上了幸福平安的日子。

王熙凤过去那么有钱有势，从来没想到自己会有这么悲惨的下场；她家过去有那么多有权有势的朋友，可是真正到了危难之时，所有人都离开了他们，只有这个贫穷而且没有文化的乡下朋友帮助她的女儿逃离了苦难。从刘姥姥身上，我们看到了中国农民善良、勇敢、知恩图报的一面。

根据曹雪芹《红楼梦》改写

生 词   Vocabulary

1. 是非	shìfēi	名	right and wrong, dispute, quarrel
2. 祖上	zǔshàng	名	ancestor, forefather
3. 破落	pòluò	动	decline (in wealth and position), be reduced to poverty
4. 女婿	nǚxu	名	son-in-law
5. 攀	pān	动	to seek connections in high places
6. 威武	wēiwǔ	形	powerful, mighty
7. 绝顶	juédǐng	副	extremely, utterly
8. 粗笨	cūbèn	形	clumsy, awkward
9. 打发	dǎfa	动	to dispatch, to send
10. 天堂	tiāntáng	名	heaven, paradise
11. 稀罕	xīhan	动	to be not desire
12. 土产	tǔchǎn	名	local product, native product
13. 腻	nì	形	tired of...
14. 取乐	qǔlè	动	to find amusement, to seek pleasure
15. 笑料	xiàoliào	名	laughing stock, joke
16. 掌上明珠	zhǎngshàng-míngzhū		a pearl in the palm, a beloved daughter
17. 贱	jiàn	形	humble, low-priced
18. 粗蠢	cūchǔn	形	coarse, awkward, clumsy
19. 罪人	zuìrén	名	guilty person, a man of sin
20. 没收	mòshōu	动	to confiscate, to expropriate

21. 威风	wēifēng	形	powerful and prestigious
22. 辜负	gūfù	动	to betray, to let down
23. 周折	zhōuzhé	名	setback
24. 危难	wēinàn	名	danger and disaster, calamity, jeopardy
25. 知恩图报	zhī'ēn-túbào		to be considerate in return, to be grateful

综合练习

Exercise One: Remembering Details

细读本文，指出下列句子提供的信息是对的还是错的。如是错的，请改成正确的答案

1. 刘姥姥的女婿不喜欢她的女儿，所以经常跟她吵架。　　　　　　（　　）

2. 刘姥姥家里实在太穷了，她就跑到城里去请求贾家帮忙。　　　　（　　）

3. 刘姥姥的女婿和贾家并不是真正的亲戚，所以他不好意思去看望
   他们并请求帮助。　　　　　　　　　　　　　　　　　　　　（　　）

4. 第一次见面时，王熙凤很喜欢刘姥姥，所以给了她很多钱。　　　（　　）

5. 刘姥姥得到了贾家和王熙凤的帮助，生活变得好起来了。　　　　（　　）

6. 虽然刘姥姥知道贾家有点儿看不起她，可是她还是去贾家。　　　（　　）

7. 王熙凤不太喜欢自己的女儿，就让刘姥姥给她取名字。　　　　　（　　）

8. 因为王熙凤得罪了皇帝，后来他们家变成了穷人。　　　　　　　（　　）

9. 刘姥姥虽然不喜欢巧姐儿，可还是愿意帮助她。　　　　　　　　（　　）

10. 刘姥姥的故事说明，有时候农民比读书人和有钱人还看重友情。　　　（　　　）

Exercise Two: Analyzing Ideas

根据文章内容，选择正确的答案

1. 刘姥姥的女婿整天不高兴是因为_____。
   A. 干活儿太累　　　　B. 他妻子不好　　　　C. 生活太穷苦

2. 刘姥姥的女婿不愿意去贾府是因为_____。
   A. 不喜欢贾母　　　　B. 离贾府太远　　　　C. 他家与贾府不是真正的亲戚

3. 刘姥姥第一次去贾府是因为_____。
   A. 贾家房子像宫殿　　B. 找贾府帮忙　　　　C. 要去见熟人

4. 刘姥姥第二次去贾府是为了_____。
   A. 再要点儿钱　　　　B. 给巧姐儿起名字　　C. 答谢贾家

5. 刘姥姥最后冒着危险救巧姐儿是为了_____。
   A. 巧姐儿生病了　　　B. 报答王熙凤　　　　C. 给巧姐儿介绍结婚对象

Exercise Three: Synonyms

根据上下文的意思，找出句中加点词的同义词或它的意思

1. 看到贾家住的房子像宫殿一样，门口站着一些十分威武的守门人，刘姥姥早已吓得说不出话来了。（　　　）
   A. 害怕　　　　　　　B. 生气　　　　　　　C. 威严

2. 因为她绝顶聪明又精明能干，深受贾家长辈的喜爱和信任。（　　　）
   A. 绝对　　　　　　　B. 非常　　　　　　　C. 头顶

3. 王熙凤想到过去贾家跟他们有些关系，就给了刘姥姥二十两银子和一些礼物来打发她。（　　　）
   A. 照顾　　　　　　　B. 应付　　　　　　　C. 关心

4. 她天天待在贾府里过富贵的日子过腻了，希望听听外边的新鲜事。（　　）

　　A. 生气　　　　　　B. 厌烦　　　　　　C. 细腻

5. 就在这个万分紧急的时候，刘姥姥来了。她没有辜负王熙凤的委托，费尽周折把巧姐儿救出来，一直寄养在她的家里。（　　）

　　A. 让……失望　　　B. 让……高兴　　　C. 让……生气

Exercise Four: Discussion Questions

讨论下面的问题

1. 这篇文章想给我们讲述一个什么道理？文中的刘姥姥是怎样看待友情的？
2. 刚开始的时候，刘姥姥为什么要去贾家？她相信贾家会帮助他们吗？
3. 贾家为什么接受了刘姥姥？他们为什么要帮助她？
4. 你觉得王熙凤是一个什么样的人？刘姥姥为什么要报答她？
5. 你喜欢刘姥姥吗？请你谈谈她是一个什么性格的人。
6. 贾家的人那么有钱，他们为什么喜欢听乡下人刘姥姥说话？
7. 王熙凤为什么要让刘姥姥给自己的女儿起名字？
8. 请你给大家讲一讲贫穷的乡下人刘姥姥是怎样帮助贾家的。
9. 你读过或听说过类似的故事吗？你能不能给大家介绍一下儿这样的故事？

第十四课　农民进城

最近二十年，中国出现了一个非常流行的词：农民工。农民工分布在大大小小的很多城市中。

什么是农民工呢？举个例子说吧：我们住的酒店的保安、前台的服务员、打扫房间的女孩儿或建筑工地上的工人可能都是农民工；还有昨天帮助我们修理下水道、在烈日下挖沟、在市场上卖菜的人可能也是农民工……

第十四课　农民进城

关于农民工，还有一段与鸟巢有关的故事呢！众所周知，2008年奥运会主体育场鸟巢是世界上最大跨度的钢结构建筑，是世界建筑史上的奇迹。而这个伟大的奇迹，正是农民工们挥洒自己的汗水，辛辛苦苦地工作了四年，才把鸟巢建造成功。完工后，这些农民工回到自己的家乡，可是村里的人根本不相信他们就是在北京建造鸟巢的人，因为建造鸟巢的劳动强度和难度太大了！后来，奥运会开始了，电视台的记者想起他们为奥运做出的伟大贡献，在奥运会期间专门去农村采访了他们，并播出了当时他们建造"鸟巢"时的录像画面。这些朴实的农民工们一看到这些电视画面就感动得哭了，村里的人也感动地哭了。那天，村子里为他们放了鞭炮来庆祝，村子里热闹得像是在过年一样。这个故事很感人，很多观众看了以后也哭了。我觉得，这些农民工就是中国一部分人的代表，他们朴实无华，默默付出，为国家的建设和社会的发展做出了很多贡献。

可是，我又发现，在中国，有一些人看不起农民工。他们往往觉得农民工的文化教育层次低、穿着比较脏差、整体素质偏低。情况真的是这样吗？

当然，这是有偏见的。农民工们能建造出这么高大的楼房、操作如此复杂的机器以及生产了很多高级的电子产品，可以说，没有农民工就没有现代化的今天。

那么，农民工跟城里人或城里的工人有什么不同呢？他们为什么被叫作"农民工"呢？

其实，这个问题在中国老百姓那里也有争论。有人认为，所谓农民工其实就是农民工人。可是这个说法有点儿矛盾，农民就是农民，工人就是工人，什么叫农民工人呢？后来又有人说，农民工是指不做农民的工作而到城里去做工，他们不再是农民，可是他们也没有完全融入城市生活的那部分人。就这样，他们既不是农民也不是工人；同时，他们既是农民又是工人，是一个身份不定的社会群体，所以有人给他们起了这个新的名字，叫"农民工"。

根据上面的介绍我们可以看出，农民工在城里的待遇并不是很好。那么，农民们为什么又要到城里去呢？那是因为城里有更多的机会，他们在城里工作能多挣一些钱，也能多见一些世面，他们向往着城市的生活。

其实，在城里，农民工很辛苦，他们的日子过得也不算舒服。他们往往被看作社会的底层，干最苦、最累、最危险的活儿。但是他们的境遇也会通过自己的努力而改变。比如我的一个中国朋友的亲戚过去也是农民工，他们能吃苦，又很有头脑，后来通过自己的努力奋斗变成了老板，最后在城里买了汽车和房子。

那么，这些有了钱的农民工到底还算不算农民工呢？算不算农民工是要用钱来衡量吗？他们在城市里的生活到底怎么样呢？有什么问题吗？

近年来，农民工在城市里生活的主要问题是除了整体工资偏低以外，他们基本上没有医疗和保险，农民工的工作很艰苦甚至有时候很危险，他们一旦出了事故或生了病，有没有保障是一个问题；另外，农民工的社会福利也是一个问题。农民工在年轻力壮的时候可以工作赚钱，可是当他们生病或年纪老了的时候有谁来关心他们的生活呢？农民工可不可以像城里的工人一样享受退休制度呢？

另外，农民工子女的教育也是一个非常重要的问题。有的农民工家庭是夫妻双方都在城市里工作，他们的孩子因为各种原因而被留在老家跟着老人一起生活学习。这是一个很大的问题。因为中国差不多每个城市都有大量的农民工，所以这些问题就很普遍而且很*急迫*了。近年来，中国政府已经注意到了这些问题，他们在试图解决农民工的医疗、福利、劳动制度和子女教育的问题，而且在这些方面已经取得了很大的进步。比如很多地区已经解决了农民工子女上学的问题，解决了农民工在城市工作期间的住院医疗保障等问题。希望在不久的将来，农民工的其他诸多问题都能够得到*妥善*解决。

生 词　Vocabulary

1.	分布	fēnbù	动	to distribute
2.	保安	bǎo'ān	名	security personnel
3.	前台	qiántái	名	front desk, reception
4.	下水道	xiàshuǐdào	名	sewer, gully drain
5.	跨度	kuàdù	名	span, spacing
6.	强度	qiángdù	名	strength, intensity
7.	采访	cǎifǎng	动	to interview
8.	朴实	pǔshí	形	simple, plain
9.	鞭炮	biānpào	名	firecracker
10.	融入	róngrù	动	to get into, to integrate, to merge
11.	待遇	dàiyù	名	treatment, benefit
12.	见世面	jiàn shìmiàn		to see the world, to enrich one's experience
13.	向往	xiàngwǎng	动	to yearn for, to look forward to

| 14. 急迫 | jípò | 形 | urgent, pressing, imperative |
| 15. 妥善 | tuǒshàn | 形 | appropriate, proper, well arranged |

专名 Proper Noun

| 鸟巢 | Niǎocháo | the Bird's Nest |

Exercise One: Remembering Details

细读本文，指出下列句子提供的信息是对的还是错的。如是错的，请改成正确的答案

1. 农民工分布在中国大大小小的城市中，但在每个城市中的数量不多。（   ）

2. 农民工往往只能做一些粗活儿，不能做重要的工作。（   ）

3. 修建鸟巢体育馆的农民工回家乡后，村里人不相信他们能参加建造鸟巢这么重要的工作。（   ）

4. 因为建造鸟巢太累太辛苦，所以参加建造它的农民工累哭了。（   ）

5. 有的时候，农民工地位比较低，他们在社会上会受到一些歧视。（   ）

6. 有些农民工成功了，自己做了老板，在城里买了汽车和房子。（   ）

7. 因为当农民工赚钱很多，所以农民工在城市中生活很幸福。（   ）

8. 农民工平时工作生活还可以，但是他们如果生了病或者年纪大了可能会遇到一些问题。（   ）

9. 农民工的子女在城市里不能上学。（   ）

10. 中国政府已经看到了农民工的各种问题，政府已经妥善解决他们

　　的所有问题了。　　　　　　　　　　　　　　　　　（　　　）

Exercise Two: Analyzing Ideas

根据文章内容，选择正确的答案

1. 根据课文，下面不属于农民工的是_____。

　　A. 保安　　　　　　　B. 服务员　　　　　　　C. 老师

2. 建造鸟巢的农民工的村里人不相信他们参与建造了鸟巢，因为这个工作_____。

　　A. 很难做　　　　　　B. 很感人　　　　　　　C. 很危险

3. 城里人瞧不起农民工的主要原因是_____。

　　A. 家在农村　　　　　B. 只知道默默付出　　　C. 文化教育层次低

4. 这篇文章认为"农民工"这个称呼_____。

　　A. 不公平　　　　　　B. 有点儿矛盾　　　　　C. 不好听

5. 目前，农民工存在的社会问题不包括_____。

　　A. 找不到工作　　　　B. 收入低　　　　　　　C. 没有住院医疗保险

6. 农民工在城市里生活并不舒服，因为他们_____。

　　A. 没有钱　　　　　　B. 没有工作　　　　　　C. 有些问题需要解决

Exercise Three: Synonyms

根据上下文的意思，找出句中加点词的同义词

1. 农民工分布在大大小小的很多城市中。（　　　）

　　A. 分散　　　　　　　B. 布局　　　　　　　　C. 分配

2. 这些朴实的农民工们一看到这些电视画面就感动得哭了，村里的人也感动得哭了。

　　（　　　）

　　A. 努力　　　　　　　B. 老实　　　　　　　　C. 认真

3. 他们不再是农民，可是他们也没有完全融入城市生活。（　　）

　　A. 结合　　　　　　　B. 混入　　　　　　　C. 融合

4. 他们在城里工作能多挣一些钱，也能多见一些世面，他们向往着城市的生活。（　　）

　　A. 祈祷　　　　　　　B. 羡慕　　　　　　　C. 热爱

5. 因为中国差不多每个城市都有大量的农民工，所以这些问题就很普遍而且很急迫了。（　　）

　　A. 急切　　　　　　　B. 痛苦　　　　　　　C. 需要

6. 希望在不久的将来，农民工的其他诸多问题都能够得到妥善解决。（　　）

　　A. 善良的　　　　　　B. 基本的　　　　　　C. 合适的

Exercise Four: Discussion Questions

讨论下面的问题

1. 为什么最近二十年中国出现了这么多农民工？
2. 请举例说明农民工主要做什么工作。他们和城市工人有哪些区别？
3. 农民工的待遇为什么不好？它主要体现在哪些方面？
4. 目前农民工还存在哪些社会问题？你认为应该怎样解决？谈谈你的想法。
5. 如果你是一个农民工，你认为应该怎样去寻求更好的生活？
6. 如果你是一个城里人，你认为应该怎样妥善地对待农民工？

第十五课　农村女孩儿李子柒

最近几年，有个中国农村女孩儿突然出了名。她不但在中国出名，而且名声传到了海外。这个女孩儿是位九零后，出生在中国四川一个小小的山村，她的名字叫李子柒。

李子柒小时候日子过得很不容易。据介绍，她幼年时父母离异。她六岁时父亲就死去了，继母对她不好。李子柒的爷爷奶奶心疼她，就把她接回了自己的家里。李子柒的爷爷在乡下是个能人，他很会干农活儿，也会做木工、编竹器，而且他还是一个厨师。爷爷的这些农村生活的本领影响了小子柒，她在爷爷身边慢慢学会了做这些事。当时在村子里，无论谁家有红白喜事，都要请李子柒爷爷去做饭，她就跟在爷爷身边做帮手。这样，李子柒从小就学会了做饭，为她后来做视频美食节目的成功埋下了伏笔。

可惜好景不长，李子柒读小学五年级时，她爷爷去世了。奶奶独自抚养她，祖孙俩相依为命，生活变得更加困难。14岁时，李子柒开始到城市去寻找机会，她想学习更多的东西，挣更多的钱，让奶奶和自己过上好日子。

在城里，这个孤单的小女孩儿受了很多苦。她没地方住，有时候要在公园的椅子上过夜。她吃不上好的饭菜，有时候连着好多天只能靠吃馒头维生。但是，李子柒的心里有个要过上好日子的梦，她从不放弃。她开始学音乐，最后，在一家大饭店里找到了唱歌的工作，收入好了一些。

可是这时候，她的奶奶生病了，需要有人照顾。李子柒是爷爷奶奶养大的，现在爷爷去世了，奶奶一个人在农村，没人照顾。李子柒很着急，于是，她辞去了城里的工作，回到乡下照顾奶奶。

在乡下，除了做农活儿、伺候奶奶，李子柒想，我是一个年轻人，学到了一些现代科技和本领，我应该用学到的知识寻找一条现代农民生活的新道路。就这样，在劳动之余，她尝试着用互联网交流信息。她开了一家网店，做过一些小生意，但日子过得还是比较艰难。

一个偶然的机会，李子柒的表弟建议她在网上播放一些自己拍摄的视频，这样也许能够通过视频介绍产品，生意会好一些。李子柒就开始在网上发布小视频，吸引别人的观看和注意。可是，刚开始她不懂怎样拍摄，也不知道怎样把视频做得好看、让观众喜欢。后来，她专门学习这方面的技术，同时学习做美食和其他相关的本领。经过一段时间的实践，她发现，她在网上发布的最受观众欢迎的是她做饭的视频，当然，做饭也是她最拿手的。于是，她就开始专心做跟美食有关的节目。除了做饭，她还向大家介绍如何种菜、种庄稼、如何利用手边的工具和物品美化生活，让自己精神愉快，让生活变得更加美好。

没想到的是，李子柒的这些小视频作品开始慢慢地在网上流传，很快，她的视频不只在中国受到关注，而且在亚洲、欧洲、美洲和其他地方都受到了关注，很多根本不懂中文的外国人也喜欢看李子柒的视频。他们说，他们虽然听不懂中文，但是他们看得懂李子柒对农村的依恋和对生活的热爱。他们认为李子柒能从最普通、最简朴的生活中发现美，她是个懂得生活并热爱生活的姑娘。特别是他们知道了李子柒的童年故事后，更感动于她的遭遇，认为她是个懂得感恩并孝顺的好姑娘。

在视频中，李子柒向大家展示的是她的农村生活。这里的生活不算富裕，但是很温馨。乡下的日子虽然简单粗陋，但是却干净美丽。李子柒在田里种地、收获，在家里做饭、做简单的家具。她会砍柴、编织、做木工、做饭、做咸菜、酿酒，甚至设计图样、刻花儿染布。她也善于女红，给自己和奶奶做新衣裳。视频中的李子柒能主内也能主外，里里外外一把手。她干活儿的动作利落而有力，无疑是干活儿的能手。

李子柒家的旁边有一条小河，她家的院子里种着果树，还有花草，她还有一条时时刻刻追随自己的小狗。她在家的旁边种植辣椒、蒜和芋头，甚至还种了一棵花椒树。她家里吃的、用的大都就地取材。在视频里，她过的是一种简单轻松、率性惬意的生活。她跟奶奶相依为命，日子虽然简朴，却不缺乏生活的乐趣。祖孙俩觉得这样的日子很美满。

李子柒突然出了名，但是也招来了很多人的围观和评论。有人评论她的技艺"不正宗"，也有人挑剔她的道具和摄影技术，等等。是的，李子柒的收入不高，经济条件也有限，她没钱买太贵的工具和机器。为了让自己拍摄的视频漂亮些，她自己收拾家里的院子，用木头和竹子搭建一座茅草棚和秋千架。李子柒的拍摄比较原始和原生态化，她往往用最普通、最简陋的工具来展现她的生活。有时候她的工具和作品不是那么好看，但却非常实用。

李子柒的农村生活和美食视频为什么受到那么多人的喜爱和追捧呢？我想，人们喜欢她有着不同的原因。

农民们喜欢，是因为他们从这里看到了自己熟悉的家园和李子柒对家乡的热爱。她离开城市，回农村过最简单的生活，并且孝顺老人，这是一种非常可贵的精神品质。

而城里人喜欢她的作品，是因为人们看到了他们不熟悉的农村生活的样子。这里轻松、单纯和平静的日子是很多城里人所渴望的。他们每天在城里忙忙碌碌，承受着工作和生活的双重压力，他们觉得李子柒过的是一种诗意的、田园般的生活。这种生活虽然辛苦，但心里是宁静的。

外国人喜欢李子柒的理由也很简单。因为他们从她身上看到了泥土、农村和过去人们生活的样子。在这里他们不只看到了中国的农民，而且也看到了人类农业文明的影子。他们当中，很多人一辈子都生活在大城市里。不少人只吃过鸡，但没见过活的鸡；只吃过辣椒和蒜，却没见过它们是怎么长出来的。而李子柒的生活中有山有水，有新鲜的空气和绿色的远方，这样的生活才是美好的。

李子柒出名以后，她热衷于做公益，还常常帮助一些弱势群体。但是现在也有人说，眼下的李子柒已经不是农民了，她做的事情已经不代表农民了。但是时代在改变，农民的生活也在不断变化。李子柒的成功是来自于土地，来自于农村，是农村的生活帮助这个乡下女孩儿成功的。当然，她的成功主要是靠她的努力和现代科技。但是谁说农民不能靠知识来改变自己的生活和命运？难道农民就只能脸朝黄土背朝天地辛苦一辈子？

当然，关于李子柒，也出现了一些新的问题值得人们思考。毫无疑问，李子柒现在是一个网红。但是现在差不多各行各业都有网红。那么，农民为什么不能做网红？农村女孩儿该不该做网红？对这些问题，我想听听你们的回答。

"李子柒现象"是个新现象。她在用自己的故事回答着上面的问题。她前面的路还很长。我们希望她还像以前那样，一步一个脚印地走好。

生词 Vocabulary

1. 九零后	jiǔlínghòu	名	post-90s
2. 离异	líyì	动	to divorce
3. 继母	jìmǔ	名	stepmother
4. 能人	néngrén	名	able person, capable brains
5. 木工	mùgōng	名	carpenter, woodworker
6. 红白喜事	hóng bái xǐshì		weddings or funerals
7. 帮手	bāngshǒu	名	helper, assistant
8. 视频	shìpín	名	video, video frequency
9. 伏笔	fúbǐ	名	a hint foreshadowing later developments in a story
10. 抚养	fǔyǎng	动	to raise, to foster
11. 孤单	gūdān	形	alone, lonely
12. 馒头	mántou	名	steamed bun
13. 维生	wéishēng	动	to live on, to rely on
14. 辞	cí	动	to quit, to resign
15. 互联网	hùliánwǎng	名	internet
16. 偶然	ǒurán	形	accidental, incidental
17. 发布	fābù	动	to release, to publish
18. 实践	shíjiàn	动	to practice

19. 拿手	náshǒu	形	adept
20. 美化	měihuà	动	to beautify, to embellish
21. 依恋	yīliàn	动	to be unwilling to leave, can't bear to part
22. 简朴	jiǎnpǔ	形	simple and unadorned, plain
23. 遭遇	zāoyù	名	experience, encounter
24. 感恩	gǎn ēn		to be thankful, to feel grateful
25. 温馨	wēnxīn	形	warmth, gentle and fragrant
26. 利落	lìluo	形	agile, nimble, neat
27. 无疑	wúyí	动	undoubtedly, beyond doubt
28. 芋头	yùtou	名	taro
29. 花椒	huājiāo	名	Chinese prickly ash, Chinese red pepper
30. 就地取材	jiùdì qǔcái		to obtain raw material locally, to draw on local resources
31. 率性	shuàixìng	形	nature, as one wishes
32. 惬意	qièyì	形	agreeable, cosy
33. 围观	wéiguān	动	to surround and watch, onlookers
34. 正宗	zhèngzōng	形	orthodox, traditional
35. 挑剔	tiāoti	动	to nitpick, to be fastidious
36. 道具	dàojù	名	stage property
37. 搭建	dājiàn	动	to build
38. 秋千架	qiūqiānjià	名	swing frame

39. 原生态	yuánshēngtài	名	original ecology
40. 追捧	zhuīpěng	动	to pursue and admire
41. 单纯	dānchún	形	pure, simple
42. 田园	tiányuán	名	rurality
43. 热衷	rèzhōng	动	to high on, to be wild about
44. 公益	gōngyì	名	public welfare, commonweal
45. 弱势群体	ruòshì qúntǐ		vulnerable group, disadvantaged group
46. 网红	wǎnghóng	名	internet celebrity, social media influencer

综合练习

Exercise One: Remembering Details

细读本文，指出下列句子提供的信息是对的还是错的。如是错的，请改成正确的答案

1. 李子柒是出生在上个世纪的一个创业成功的农村姑娘。　　　　（　　）

2. 因为李子柒小时候很可怜，她吃过很多苦，所以她成功了。　　（　　）

3. 童年的李子柒跟祖父母相依为命，她的很多本领都是跟爷爷学的。（　　）

4. 李子柒想学习音乐，所以后来她到城里去生活。　　　　　　　（　　）

5. 李子柒在城里慢慢成功了，可是后来因为爷爷奶奶身体不好，需要人照顾，她只好又回到了农村。　　　　　　　　　　　　　（　　）

6. 为了更好地介绍自己的产品，李子柒的奶奶建议她用互联网发视频交流信息。（   ）

7. 李子柒的视频在中国很受欢迎，但是在国外不受欢迎，因为很多外国人听不懂中文。（   ）

8. 因为李子柒比较富有，她在农村过得很舒服，所以她喜欢农村。（   ）

9. 李子柒会做很多事，她很喜欢劳动，她想通过自己的努力让自己和奶奶幸福。（   ）

10. 刚开始，李子柒钱不多，她不懂拍摄，视频做得不够好。（   ）

11. 李子柒的成功引来了欢迎和追捧，但也有人对她不满和批评。（   ）

12. 农村人、城里人和外国人喜欢李子柒有他们各自的理由。（   ）

Exercise Two: Analyzing Ideas

根据文章内容，选择正确的答案

1. 李子柒童年生活过得很不好，是因为_____。
   A. 爷爷奶奶对她不好　　　B. 干活儿太累　　　C. 父母离异，父亲死得早

2. 李子柒14岁就到城里寻找机会，是因为_____。
   A. 她想嫁到城里　　　B. 奶奶搬到了城里　　　C. 她想多学习、多挣钱

3. 李子柒后来辞掉了城里的工作，是因为_____。
   A. 不喜欢唱歌　　　B. 没地方住　　　C. 奶奶生病了

4. 李子柒后来能够成名并受到大众关注，是因为她_____。
   A. 长得漂亮　　　B. 开了网店　　　C. 拍视频发到网上

5. 李子柒成名后，有些人围观评论她，因为觉得她_____。
   A. 太骄傲　　　B. 拍的视频不专业　　　C. 不漂亮

6. 李子柒受到很多人的喜爱和追捧，是因为她的视频_____。
   A. 教别人如何赚钱　　　B. 画面很美　　　C. 满足了不同人的需要

7. 有人觉得李子柒现在不能代表农民了，因为她现在_____。

    A. 是网红   B. 是弱势群体   C. 热衷公益

Exercise Three: Synonyms

根据上下文的意思，找出下面句子中加点词的同义词或它的意思

1. 据介绍，她幼年时父母离异。（   ）

    A. 去世   B. 离婚   C. 出走

2. 在乡下，除了做农活儿、伺候奶奶，李子柒想，我是一个年轻人，学到了一些现代科技和本领，我应该用学到的知识寻找一条现代农民生活的新道路。（   ）

    A. 等待   B. 帮助   C. 照顾

3. 一个偶然的机会，李子柒的表弟建议她在网上播放一些自己拍摄的视频，这样也许能够通过视频介绍产品，生意会好一些。（   ）

    A. 很巧合的   B. 突发的   C. 很紧张的

4. 经过一段时间的实践，她发现，她在网上发布的最受观众欢迎的是她做饭的视频，当然，做饭也是她最拿手的。（   ）

    A. 擅长   B. 方便   C. 简单

5. 在视频中，李子柒向大家展示的是她的农村生活。这里的生活不算富裕，但是很温馨。（   ）

    A. 温暖潮湿   B. 容易省事   C. 温暖舒适

6. 在视频里，她过的是一种简单轻松、率性惬意的生活。（   ）

    A. 任性随意   B. 舒适满意   C. 自动自主

7. 李子柒的农村生活和美食视频为什么受到那么多人的喜爱和追捧呢？（   ）

    A. 批判评论   B. 追求追赶   C. 欢迎赞扬

8. 李子柒出名以后，她热衷于做公益，还常常帮助一些弱势群体。（   ）

    A. 非常热心   B. 非常感动   C. 非常熟悉

Exercise Four: Discussion Questions

讨论下面的问题

1. 中国有那么多农村女孩儿,她们中的很多人也很努力,为什么李子柒会成功?从李子柒的成功经验里,人们能够学到什么?

2. 李子柒的童年经验跟她的成功有没有关系?它们中间有什么样的关系?

3. 你觉得李子柒应不应该辞掉城里的工作回农村?为什么?

4. 李子柒为什么要在互联网上播视频?你觉得这样成功有意义吗?

5. 你怎么看待李子柒出名后别人对她的评论?你觉得这些评论有没有道理?

6. 这篇文章为什么说李子柒展现的生活像是"一种诗意的、田园般的生活"?这样的日子是一种什么样的日子?请给大家介绍一下儿。

7. 为什么有的人觉得李子柒不该做"网红"?你觉得,农村女孩儿应不应该做网红?请说说你的理由。

8. 你看过李子柒的视频吗?如果看过,你喜欢吗?如果没看过,你愿意不愿意了解一下儿?

9. 找机会观摩一下儿李子柒的视频,大家一起来谈谈这些视频里表现的生活。

第十六课　桂珍姐

那是很多年前的事了。记得那年我还不到十八岁，就已经下放到农村了。从小到大我差不多都是在城里读书，不知道真正的农村是什么样子，也不太喜欢农村人，觉得他们比较脏，也比较粗鲁、没文化。

来到农村以后，我对农民的感觉就跟以前大不一样了。天天跟他们一起干活儿，我发现农民们很有力气，干活儿也很聪明，他们知道很多我们不知道的事情。那时候正是"文化大革命"后期，我们并不愿意到农村去当农民，而是被下放到农村去的。我们这些城里的学生到了农村，很多人都吃不了那种苦，天天想家，想着早一天离开农村回到城市。

而我呢，当时我父母也被下放到更远的农村去了。我在城里没有家，没法回去了。所以，我只能在农村拼命地干活儿，用身体的劳累来使我忘掉想家，忘掉希望，也忘掉痛苦。

下放到农村的学生叫"知青"（知识青年）。知青们个个想回城，他们每个人都在想办法、走后门。可我，根本就没有后门可走。死了这条心，我倒不着急了。农民们虽然同情我的遭遇，但是没人愿意管闲事。唯有桂珍姐，她像一头母兽，时时保护着我。

桂珍姐的爷爷是个富农，在当时，他们家也算是个"有问题"的家庭。可是她家在村里人缘好，再加上桂珍姐干活儿很卖力，特别是她对人很好，所以大家都喜欢她。桂珍姐和我一起干活儿的时候，她总是抢着干重活儿，或帮我，或只让我干轻一点儿的活儿。我当时总是觉得不好意思，我是一个大小伙子，怎么能让一个姑娘照顾我？可是后来发现，她的力气比我大得多，当然，她干农活儿的技术也比我好得多，没有她的帮助，有时候我真的干不完活儿。

桂珍姐发现我虽然力气不够大，但从不偷懒，而且干起活儿来从不停下。看到别的知青都不好好儿干活儿，我这样努力，她有时非常生气，替我打抱不平，她常常大声地责备我，觉得我只知道傻干，这样对我不公平。她就是这样保护着我，怕我累坏了。

夏天，有一次，我们去树林里干活儿。天气热极了，热得我身上的衣服都湿透了，汗水顺着衣服直往下流。我的同伴们都不愿意干活儿，他们脱了衣服干脆到河里洗澡去了。桂珍姐看到只有我一个人干活儿，她在远处向我挥手，让我歇一歇，可是我不听。我周围都是一些没穿衣服的男孩子，她不好意思过来帮我，也不能过来制止我，她很着急。

可是过了一会儿，我突然遭到了不幸。我的头撞上了一个大马蜂窝。几百只马蜂蜇到我头上，我当时只觉得就像是一头撞进了火炉，一下子痛得昏过去了。等我醒来时，我看到桂珍姐哭得满脸是泪，她拼命地跑出去替我找药、请医生。医生说，如果不是桂珍姐及时找药，我可能会得一场大病。结果我的头肿了好几天就好了。

冬天到了，天气虽然冷，可是干活儿多了还是容易出汗，出了汗就暖和了。冬天活儿少，我们干一会儿就休息。有太阳的时候，在太阳下暖洋洋的，可以使人忘掉眼前的痛苦。那时候，我找到一些书，想趁着休息的时候看。桂珍姐总是怕我看书累，她无情地当面批评我："干了一天活儿了，还不够累么？为什么不休息一会儿？还看什么书！"桂珍姐虽然只比我大几岁，可是她总是像个妈妈，处处管着我、护着我。后来她发现自己阻拦不了我看书，就偷偷地把我的书藏起来或埋起来，直到

第十六课　桂珍姐

有一次她丢了我一本书后，才不再阻拦我。

桂珍姐的性格很正直，她不允许别人干坏事。记得有一年，她，我，还有一个本村的二流子一起去城里卖桃子。那个二流子想偷一些桃当礼物送人，正直的桂珍姐不同意，但她受到了二流子的辱骂。我第一次看到刚强的桂珍姐流泪了。

当时我愤怒极了，桂珍姐虽然力气大而且又占理，可是当时农村风气很保守，重男轻女，女人不能随便和男人讲理。桂珍姐是女人，可我是男人啊，我应该站出来保护她！我连想都没顾上想就一下子抓住了这个二流子的衣领。他个子很高，力气也很大。可是当时似乎有一种巨大的力量支持着我，使我制服了这个二流子，他低头向桂珍姐认了错。

我看到桂珍姐的眼睛又一次潮湿了。桂珍姐，您总是帮助我，保护我，我终于有机会可以回报您，为您主持了正义。

又过了一年，到了1976年，"文化大革命"要结束了，我开始准备考大学，想回到我朝思暮想的校园里去学习。1977年，我考上了大学，回到了城里。上大学之前，我又回到了农村，这次我没见到桂珍姐。听说她结婚了，嫁到了更远更穷的另一个村子里。

后来，我大学毕业好多年了，我忘不了年轻时在那儿流过很多血汗的那个村子，也忘不了帮助过我、保护过我的桂珍姐。我常常想念那个遥远贫穷的村子。

再后来，我来到了美国。在美国的很多年里，我仍然想念着那个小村子。1998年，我从美国又一次回到那个地方。没想到，那儿完全变了，过去的小山、河流、树木甚至小桥、村边的那口井都没有了。那儿成了一片楼群，变成了城市的一部分。过去在那个村子的时候，我们做梦都想着要回家，要回到城市，但怎么也想不到，过了这么多年，那儿也会变成城市。

我在那儿寻觅了半天，想寻找出当年的影子，结果一点儿都找不出来了，过去的一切都看不见了。桂珍姐，您在哪里？我希望您现在能过上好日子，祝您一切都好。我想，也许现在您就住在那儿的某一座楼里，回忆过去时，您会把当年"知青"的故事讲给您的孩子听……

生词 Vocabulary

1. 死心	sǐ xīn		to give up hope or idea etc., to drop the idea forever
2. 人缘	rényuán	名	relations with other people
3. 卖力	màilì	形	exert to one's utmost, responsible, earnest
4. 偷懒	tōu lǎn		to laze, to be lazy
5. 制止	zhìzhǐ	动	to prevent, to stop
6. 蜇	zhē	动	to sting, to bite
7. 肿	zhǒng	动	to swell
8. 阻拦	zǔlán	动	to stop, to obstruct

9. 埋	mái	动	to bury
10. 二流子	èrliúzi	名	loafer, bum
11. 辱骂	rǔmà	动	to insult, to humiliate
12. 保守	bǎoshǒu	形	conservative
13. 讲理	jiǎng lǐ		to reason with sb., to argue, to listen to reason
14. 潮湿	cháoshī	形	moist, damp
15. 回报	huíbào	动	to repay, to reciprocate
16. 朝思暮想	zhāosī-mùxiǎng		to yearn day and night

综合练习

Exercise One: Remembering Details

细读本文，指出下列句子提供的信息是对的还是错的。如是错的，请改成正确的答案

1. "我"因为不喜欢读书，所以被送到了农村。　　　　　　　　　　（　　　）

2. 农村人虽然没有力气，但是很聪明，他们总想着脱离农村。　　（　　　）

3. "我"下放到农村后，农民们都很同情和关心"我"。　　　　　（　　　）

4. 因为桂珍姐长得漂亮，所以大家都很喜欢她。　　　　　　　　（　　　）

5. "我"的头撞到了一个大马蜂窝，所以遭到了马蜂的伤害。　　　（　　　）

6. 桂珍姐不喜欢读书人，所以她不让"我"读书。　　　　　　　　（　　　）

7. 因为二流子偷桃子，所以桂珍姐不同意。　　　　　　　　　　（　　　）

8. "我"不喜欢二流子,所以打了他一顿。   (   )

9. 很多年以后,"我"又见到了桂珍姐,听她讲起以前的故事。   (   )

Exercise Two: Analyzing Ideas

根据文章内容,选择正确的答案

1. 来到农村以后,"我"发现农民们_____。
   A. 聪明有力气   B. 粗鲁没文化   C. 比较脏

2. 在当时,知青要想回城就必须_____。
   A. 忘掉痛苦   B. 想办法走后门   C. 努力干活儿

3. 桂珍姐不想让"我"看书是因为_____。
   A. 她自己想读   B. 天气太冷   C. 怕"我"太累

4. 桂珍姐不敢跟二流子吵架是因为_____。
   A. 农村风气保守   B. 二流子力气大   C. 桂珍姐正直

5. "我"1998年找不到桂珍姐是因为_____。
   A. 桂珍姐到了美国   B. 村子没有了   C. 忘了桂珍姐的样子

Exercise Three: Synonyms

根据上下文的意思,找出句中加点词的同义词或它的意思

1. 我不太喜欢农村人,觉得他们比较脏,也比较粗鲁、没文化。(   )
   A. 有力气   B. 粗心   C. 粗野没礼貌

2. 可我,根本就没有后门可走。死了这条心,我倒不着急了。(   )
   A. 生病   B. 生气   C. 失去希望

3. 可是她家在村里人缘好,再加上桂珍姐干活儿很卖力,特别是她对人很好,所以大家都喜欢她。(   )
   A. 努力   B. 力气大   C. 投机取巧

4. 桂珍姐发现我虽然力气不够大，但从不偷懒，而且干起活儿来从不停下。（　　）
   A. 懒散　　　　　　　B. 努力　　　　　　　C. 躲避

5. 又过了一年，到了1976年，"文化大革命"要结束了，我开始准备考大学，想回到我朝思暮想的校园里去学习。（　　）
   A. 日夜想念　　　　　B. 三心二意　　　　　C. 非常喜欢

Exercise Four: Discussion Questions

讨论下面的问题

1. "我"为什么要到农村去？"我"到农村后的生活怎么样？
2. "我"为什么刚开始不喜欢农民，后来又喜欢农民了？
3. 桂珍姐是一个什么样的人？她为什么要帮助"我"？
4. 桂珍姐为什么不让"我"看书？
5. 桂珍姐做人正直，但是为什么二流子欺负她她不反抗？
6. "我"为什么敢和二流子讲道理并让他低头认错？
7. 很多年后"我"为什么找不到当年下放的地方了？"我"对过去的农村作这样的描写说明了什么？
8. 根据你了解的中国近年来的变化，想象一下儿桂珍姐现在的命运。

4 单元 中国的现代化

> 预习提示:

1. 中国的现代史和中国人现代化的理想有什么关系？中国人为什么那么渴望现代化？
2. 谈谈中国人这一百年来为走向现代化所做的努力以及奋斗的历程。
3. 谈谈改革开放和中国现代化的关系。

第十七课　中国的现代化

现代化是一百多年来中国人的一个强烈的梦想。

中国人为什么那么渴望现代化呢？熟悉中国历史的人都知道，中国曾经有过极为辉煌的历史；但是到了近代，它却蒙受了史无前例的耻辱。中国文明发达得比较早，在人类文明的黎明时期，中华文化曾经是最耀眼的一颗启明星。在汉代和唐代，中国已经创造了人类文明史上的一个个高峰。宋元时代，中华文明的名声仍然远播世界，那时候西方仍然处于中世纪的黑暗时期。明朝和清朝时中国依然很强大，但是它们不知道，西方已经不是过去的西方了。

经历了文艺复兴和工业革命，欧洲的文明已经获得了飞速发展，西方依靠工业和科技的帮助很快达到了当时世界的先进水平。除了工业和科技的发达，西方也注重思想领域的探讨，开始关心民主政治、人道主义思想和新的国家体制等问题。它们试图用新的理念来建设一种新型的国家，这种制度后来被称为资本主义制度。这种制度鼓励发挥人的能力，鼓励发展科技、工业和商业，它有效地促进了社会生产力的发展，使西方很快强大了起来。

而当时的中国还是坚持着几千年老祖宗传下来的模式。中国传统文化推崇儒家思想，不注重工业和商业，也不太重视科技的发展。中国的人口越来越多，国计民生成了一个很大的问题。社会发展了，西方进步了，可是中国还是几千年不变的老样子。这样，和不断前进的西方相比，中国显然落后了，可是骄傲的中国统治者并没有意识到这一点。

进步了的西方开始想扩大它们的市场和影响范围，它们想和东方最大的国家中国打交道，利用它们先进的工商业能力来打开中国的市场，获得利润。在清朝中期，西方国家开始不断地同清政府接触，并希望同中国建立商贸关系。

中国文化向来认为自己是最优秀的，它有一种看不起外来文化的传统。比如古时候中国人常常用含有贬义的词来称呼别的文化，把它们称作"胡""番""夷"等。西方想打开中国的市场、在中国兜售产品的想法当然受到了中国统治者的反对。西方人在中国受到了挫折，可是他们没有死心。到了19世纪，西方国家开始越来越强大，中国越来越衰弱，特别是这时候西方在航海和军事上发展得很快，有了称霸的力量。用谈判的方式没法打开中国的市场，以英国为首的西方国家就开始用军事力量来打开中国市场。在19世纪中后期，英国和中国进行了两次鸦片战争，中国都失败了。这样，英国和其他西方国家开始打进中国，用武力使中国人屈服。他们占领了中国的一些市场，而且强行占领了香港等地，把香港变成了英国的殖民地。

中国在历史上第一次真正惨痛地失败了。这是一个奇耻大辱，从皇帝到一般老百姓都感到痛心疾首，中国人要雪耻，要报仇。可是当时的中国积贫积弱，报仇谈何容易？看到中国的落后，其他国家也都来侵略。日本后来跟中国进行了甲午战争，中国失败了；沙皇俄国也开始占领中国的土地。在清朝末年，中国开始节节败退，中华文化面临着被毁灭的危险。

在这样危机的情况下，中国的知识分子开始寻求救国救民的道路。有的人认为，中国之所以失败，是因为中国文化传统有问题，他们开始怀疑儒家的传统，批判历史，主张向西方学习，重新建设自己的国家。这

第十七课　中国的现代化

样的观点被认为是"全盘西化"的观点。而有的人认为，全盘西化的观点太激进，我们不应该抛弃中国全部的传统文化。中国传统文化是伟大的，但它太古老，已经不能够适应现代社会遇到的一切问题，我们应该革新和改造它。比如说，现在西方人的工业和科技比较发达，我们就可以学习西方的科技，但不必学习西方人的理念。我们应该"中学为体，西学为用"，师夷制夷。另外，也有一些极端保守的人认为中国不应该改革，应该以不变应万变。在清朝末期，一些进步的知识分子看到了改革的必要，他们开始发动群众，号召老百姓关心国家大事，宣传"天下兴亡，匹夫有责"。

当时有的爱国知识分子提出了中国需要"德先生"和"赛先生"的口号。他们开始引进西方先进的民主与科学的思想，最终推翻了清朝封建的统治，建立了中华民国。中国人本来希望用新的民主政治的方式来重建自己的国家，可是中华民国建立起来后，中国并没有得到真正的统一。那时候中国有很多军阀，他们整天打仗。当时中国的首要任务应该是使国家安定下来，然后才能谈建设、谈改革和现代化。中国的混乱局面还没有结束，日本人就开始侵略中国，后来第二次世界大战爆发，日本人入侵中国，中华民族到了生死存亡的时期。经过了十四年的浴血奋战，中国人终于打败了日本侵略者。1949年，在中国共产党的领导下，中华人民共和国成立。

中华人民共和国成立后，百废待兴。当然，最主要的一个任务是拯救灾难的中国，恢复中国人的民族自信心、实现现代化和中国人的强国梦。

但是，中国在改革、追求现代化和强国的梦想方面也走了很多弯路。中华人民共和国成立以后，由于政治、经济的原因以及国际上其他国家对中国的封锁、敌意和控制，中国并没能很快地走向实现现代化的道路。此外，之后的一系列政治运动影响了国民经济的发展。后来政府提出了自力更生、奋发图强的口号。为了强国，毛泽东也提出了学习外来文化中的优秀部分、"古为今用，洋为中用"的主张。可是那时的政治运动极大地影响了中国的进步。

在这样的形势下，中国人终于痛苦地认识到，中国必须按照独立自主、自力更生的观念来建设自己的国家。

后来，中国政府发现了中国的根本问题，开始实行对内改革、对外开放的政策。中国人开始学习和引进西方的现代科技，同时也接受和引进了一些先进的西方思想理念。中国政府提出了实行"四个现代化"的口号。哪四个现代化呢？那就是农业现代化、工业现代化、国防现代化和科学技术现代化。实现了这些现代化，中国就会真正富强起来，中国人也就真正会实现他们的强国梦，扬眉吐气起来。

改革开放以后的中国取得了巨大的进步，中国提出了"让中国走向世界，让世界走向中国"的口号。中国人怀着极大的热情拥抱新的科技和文明，同时也拥抱新的思想理念。今天，现代化已经不再仅仅是一个口号，而是体现在了中国走向世界的每一个步伐中，表现在每一个中国人的实践和行为上。实现了初步现代化的中国应该是维护世界和平的一个重要的力量。中国人曾经说过，"我们的朋友遍天下"，这是中国人的一个美好的梦想。我们有理由相信，中国应该对世界、对人类文明做出更多的贡献，而实现现代化是中国走向未来的最关键的一步。中国人一定能把这一步走好。

生词 Vocabulary

1. 辉煌	輝煌	huīhuáng	形	非常亮，光彩夺目 brilliant, splendid, glorious
2. 蒙受	蒙受	méngshòu	动	遭受，受到 to suffer, to sustain
3. 史无前例	史無前例	shǐwúqiánlì		历史上从来没有过，没发生过 unprecedented, without precedent
4. 黎明	黎明	límíng	名	天刚开始发亮的时候 dawn, daybreak
5. 耀眼	耀眼	yàoyǎn	形	光线强烈，使人不敢看 dazzling, bright
6. 启明星	啟明星	qǐmíngxīng	名	太阳没出来以前，出现在东方天空的金星 Venus
7. 高峰	高峰	gāofēng	名	高的山峰，比喻事物发展的最高点或最高阶段 peak, height
8. 远播	遠播	yuǎnbō	动	传播很远 to spread to far distance, to have a big influence
9. 文艺复兴	文藝復興	wényì fùxīng		欧洲14至16世纪发生的文化革新运动。它开辟了西方文明史的一个新时代 Renaissance
10. 飞速	飛速	fēisù	副	速度极快地 at full speed
11. 领域	領域	lǐngyù	名	范围或方面（用于社会活动、思想意识等） territory, domain, field
12. 体制	體制	tǐzhì	名	国家、国家机关、企业、事业单位等的组织制度 system of organization, system
13. 国计民生	國計民生	guójì-mínshēng		国家经济和人民生活 the fiscal administration and people's livelihood of nation

14. 显然	顯然	xiǎnrán	形	很清楚，容易看出来或觉察出来 obvious, evident
15. 利润	利潤	lìrùn	名	赢利，获得经济上的利益 profit
16. 接触	接觸	jiēchù	动	接近并进行交往 to come into contact with, to get in touch with
17. 商贸	商貿	shāngmào	名	商业和贸易 commerce and trade
18. 贬义	貶義	biǎnyì	名	字句中含有厌恶或否定的意思 derogatory sense
19. 番	番	fān		指外国或外族 barbarian (as opposed to native Chinese)
20. 夷	夷	yí		中国古代对异族的称呼，旧时泛指外国或外国人 foreign country, foreigner
21. 兜售	兜售	dōushòu	动	想方设法推销自己的货物（常用于贬义） to peddle, to hawk
22. 衰弱	衰弱	shuāiruò	形	身体不强健或事物不兴盛 weak, feeble
23. 航海	航海	hánghǎi	动	驾驶船只在海洋上航行 to sail, to voyage
24. 军事	軍事	jūnshì	名	军队中的事务或与军队有关的事情 military affairs
25. 称霸	稱霸	chēngbà	动	倚仗权势和实力欺凌他国或他人 to seek hegemony, to dominate
26. 谈判	談判	tánpàn	动	对一些有待解决的重大问题进行会谈 to negotiate
27. 占领	占領	zhànlǐng	动	用武力取得或占有 to capture, to occupy
28. 殖民地	殖民地	zhímíndì	名	一个国家在国外侵占并大批移民居住的地区；被一个国家剥夺了政治、经济的独立权，并且受这个国家控制或掠夺的弱国或地区 colony

29. 惨痛	惨痛	cǎntòng	形	悲惨痛苦　deeply grieved, painful
30. 奇耻大辱	奇恥大辱	qíchǐ-dàrǔ		极大的耻辱　galling shame and humiliation, deep disgrace
31. 痛心疾首	痛心疾首	tòngxīn-jíshǒu		形容伤心痛恨到了极点　with bitter hatred
32. 雪耻	雪恥	xuěchǐ	动	洗掉耻辱　to clean the shame
33. 积贫积弱	積貧積弱	jīpín-jīruò		因长期贫穷造成了衰弱　accumulate the poor and weakness
34. 激进	激進	jījìn	形	急进　radical
35. 抛弃	拋棄	pāoqì	动	扔掉不要　to abandon, to forsake, to cast aside
36. 革新	革新	géxīn	动	除旧创新　to reform
37. 改造	改造	gǎizào	动	进行修改和变更，除旧立新，使适应新的情况和需要　to reform, to remould
38. 匹夫	匹夫	pǐfū	名	普通老百姓或指无知识、无智谋的人　ordinary man
39. 安定	安定	āndìng	形	平静稳定　stable, settled
40. 建设	建設	jiànshè	动	创立新事业，增加新设备　to build, to construct
41. 自信心	自信心	zìxìnxīn	名	对自己的信心　self-confidence
42. 封锁	封鎖	fēngsuǒ	动	用强制手段使跟外界断绝联系　to block
43. 敌意	敵意	díyì	名	敌对的情感，仇恨的心理　hostility
44. 国防	國防	guófáng	名	国家为防备外来侵略、保卫主权和领土而准备的军队、设备等　national defense

45. 扬眉吐气	揚眉吐氣	yángméi-tǔqì		形容被压抑的心情终于舒展而快乐 to feel proud and elated, to hold one's head high
46. 维护	維護	wéihù	动	保护，使不受破坏 to safeguard, to defend

专　名　Proper Nouns

1. 鸦片战争	鴉片戰爭	Yāpiàn Zhànzhēng	因为中国政府禁止英国向中国贩卖鸦片，1840年至1842年英国向中国发动的侵略战争 the Opium War (Britain's invasion of China, 1840—1842)
2. 甲午战争	甲午戰爭	Jiǎwǔ Zhànzhēng	1894—1895年由日本发动的一场侵略战争。起因是日本想吞并朝鲜，后来中国牵入，在这场战争中中国失败 the Sino-Japanese War of 1894—1895 (launched by Japanese imperialism to annex Korea and invade China)
3. 俄国	俄國	Éguó	俄国 Russia
4. 中华民国	中華民國	Zhōnghuá Mínguó	中国近现代史上的一个时期（1912年—1949年） Republic of China

习惯用语和特殊表达用语

1. 史无前例：历史上从来没有过的。

（1）这次地震造成了史无前例的伤亡。

（2）明年要在这儿召开一个世界知名的国际大会，对这个小城来说，真是一件史无前例的大事。

2. 痛心疾首：痛恨到了极点。

　　（1）鸦片战争虽然过去一百多年了，但是现在提起来，中国人仍然感到痛心疾首。

　　（2）他为自己犯下的大错而痛心疾首，可是后悔也来不及了。

3. 谈何容易：指事情做起来并不像说的那么简单。

　　（1）这学期你选了五门课，还都想得A，谈何容易！

　　（2）虽然他一直说想当一名医生，可是做一名医生谈何容易？

4. 之所以……是因为……：造成这种结果的原因是……

　　（1）他之所以喜欢看电影，是因为他有一个想当演员的梦想。

　　（2）之所以你现在学习成绩不好，是因为你一直没有努力学习。

5. 以不变应万变：用保持不变化的态度来应付过多的变化。

　　（1）不管你怎么劝我，我还是以不变应万变，先看看别人怎么反应再说吧。

　　（2）在这种情况下，最好是以不变应万变，看看敌人怎么做，再决定我们下一步的行动。

6. 生死存亡：或生存，或死亡。形容事关重大或形势非常紧急。

　　（1）现在是国家生死存亡的关键时期，我们更不能为私利而争斗，更应该顾全大局，一致对外。

　　（2）就在这个关系到民族生死存亡的时候，人民发动了起义，反对外来国家的殖民统治。

7. 浴血奋战：在血的风雨中战斗，形容战斗惨烈，奋勇战斗。

　　（1）经过了十四年的浴血奋战，中国人民终于战胜了侵略者，解放了自己的祖国。

（2）在第二次世界大战期间，欧洲各国人民团结起来，浴血奋战，终于打败了德国法西斯侵略者。

8. 扬眉吐气：形容被压抑的心情得到舒展而快活满意的样子。
   （1）终于考上了他一直梦想的大学，他觉得自己终于可以扬眉吐气了。
   （2）他说过，等到自己的国家真正获得独立自由的那一天，就是人民扬眉吐气的一天。

句型和词语操练

- 显然
  1. 他没问过任何人的意见就做出了这样的决定，这件事显然是他做错了。
  2. 我认为这件事显然不是他的错，因为_____。
  3. 他的话显然不能让人相信，因为_____。

- 向来
  1. 我向来认为他是个聪明人，没想到他会干出这样的傻事。
  2. 虽然他向来表现不错，_____。
  3. 虽然他向来主张团结，_____。

- 激进

    1. 我一直认为他比较保守，没想到这次他的观点竟这么激进。

    2. 他虽然说起话来很激进，_____

    _____。

    3. 他一直说自己不太喜欢激进的观点，可是_____

    _____。

- 抛弃

    1. 既然要改革创新，就必须抛弃旧思想，树立新观念。

    2. 在这个紧急的关头，你不能_____

    _____。

    3. 他现在虽然飞黄腾达了，但他_____

    _____。

- 拯救

    1. 我认为你这样做并不是在拯救他，而是害他。

    2. A：你真的认为你能拯救他的灵魂吗？

       B：_____

       _____。

    3. 不但我拯救不了他，_____

    _____。

- 维护

    1. 我这样做其实是为了维护你的利益，你难道看不出来这一点吗？

    2. 为了维护自己的利益不被侵犯，_____

    _____。

3. 他不仅维护自己的利益，_____
_____。

• 关键

1. 现在最关键的问题是你必须先学会使用电脑。

2. 问题的关键到底是什么呢？_____
_____。

3. 就在这个最关键的时候，_____
_____。

综合练习

一、根据课文内容，回答下列问题

1. 为什么说"现代化是中国人的百年强国梦"？
2. 中国古代辉煌的文明对中国人的心理有什么样的影响？
3. 古代的中华文明统治者是怎么看待西方文化的？他们为什么那样看？
4. 谈谈近现代以来中国文化落后的原因。
5. 什么是"中学为体，西学为用"？当时的中国人为什么提出了这样的见解？
6. 中国人为什么要引进"德先生"和"赛先生"？
7. 谈谈中华人民共和国成立后中国社会的发展情况和中国追求现代化的情况。
8. 谈谈改革开放对当代中国人的现代化理想的影响。

二、用下列词语造句

1. 蒙受：_____

2. 史无前例：_____

3. 显然：_____

4. 向来：_____

5. 挫折：_____

6. 痛心疾首：_____

7. 之所以……是因为……：_____

8. 抛弃：_____

9. 生死存亡：_____

10. 扬眉吐气：_____

11. 维护：_____

三、找出下列每组词中的同义词

- 辉煌　　　　照耀　　　　鲜明　　　　光辉
- 蒙受　　　　接受　　　　遭受　　　　忍受
- 飞速　　　　快速　　　　速度　　　　飞翔
- 显然　　　　然而　　　　然后　　　　明显
- 向来　　　　以来　　　　一直　　　　原来
- 接触　　　　接近　　　　联系　　　　结合
- 挫折　　　　折磨　　　　失败　　　　损失
- 占领　　　　霸道　　　　占据　　　　强制
- 激进　　　　接近　　　　进步　　　　急进
- 革新　　　　重新　　　　改革　　　　革职
- 安定　　　　安静　　　　决定　　　　平安
- 崩溃　　　　破灭　　　　爆炸　　　　失望

➢ 维护　　　　　照顾　　　　　保护　　　　　坚持
➢ 关键　　　　　关系　　　　　决定　　　　　重要

四、选词填空

> 辉煌　　领域　　关键　　飞速　　接触　　向来　　蒙受
> 挫折　　衰弱　　激进　　敌意　　强行　　显然

1. 鸦片战争使中国_____了史无前例的奇耻大辱。

2. 虽然这个国家有过_____的历史，但是现在它的确有些落后了。

3. 这几年中国不但工业发展得很快，农业也在_____发展。

4. 除了在科学_____外，在其他方面这个国家也代表着世界先进水平。

5. 我们_____应该重视这个问题，要不然我们就会犯错误。

6. 我虽然不反对你跟他_____，但我并不喜欢他。

7. 我虽然_____就不喜欢他，但我并不否认他非常聪明。

8. 虽然他遭受了很多_____，但他最后还是顺利完成了那个艰巨的任务。

9. 我认为你应该跟他讲道理说服他，而不能_____逼他听你的。

10. 奶奶年纪大了，身体也渐渐地_____了。

11. 虽然他的观点有些_____，可是我觉得很有道理。

12. 其实他对你并没有什么_____，请你别误会他。

13. 要想做好这个菜，最_____的问题是要有耐心。

五、用括号里的词语改写句子

1. 文艺复兴以后，西方一方面注重发展科学，另一方面又注重发展民主政治，渐渐形成了一种新的文明方式。（除了……也……）

2. 中国传统文化是伟大的，可它太古老，已经不能适应现代社会遇到的一切问题。（虽然……但是……）

3. 很多人认为，中国的文化太古老，太没有生命力，所以后来慢慢衰落了。（之所以……是因为……）

4. 古时候，中国文化向来认为自己是最优秀的。它不但看不起外来文化，而且还用贬义的词来称呼外来文化。（除了……以外……）

六、写作练习

1. 用一句话来总结出课文中每一个段落的意思。
2. 用三句话来概括出这篇课文的主要内容和观点。
3. 请你查资料了解一下儿历史上中国人对科学和技术的看法，写一篇短文谈谈你对此的见解。
4. 请你查资料了解一下儿"鸦片战争""甲午战争"的相关问题，写一篇有关这些战争的文章。
5. 你认为中国传统文化的根本问题在哪里？中国古代文明很发达，为什么到了近代以后会比较落后？
6. 中华人民共和国成立以后，和过去相比，它有哪些特点？中国的现代化为什么经历了那么多的曲折？
7. 作文：《美国与现代化》
   《我所了解的中华文明》
   《中国现代化的远景》

第十八课　马可·波罗

　　马可·波罗是意大利一个著名的探险家和商人，他之所以闻名世界，是因为他写了一部有名的《东方见闻录》（又名《马可·波罗游记》）。马可·波罗1254年诞生于威尼斯的一个有名的商人家庭。他的父亲和叔父都曾经远涉重洋到遥远的东方做过生意。

　　1269年，马可·波罗刚刚十五岁，他的父亲和叔父从中国经商回来了。在当时的欧洲，很少有人听说过这个遥远而神秘的国度，更谈不上有人去过那儿了。可是马可·波罗的父亲和叔父每次回来都会带来很多金子、成筐成袋的宝石和珍珠，让人不敢相信世界上竟然有拥有这么多财富的一块宝地。

　　这一次，马可·波罗的父亲告诉他，他已经长大了，如果愿意，可以跟父亲和叔父一起去中国。

　　去中国？！马可·波罗简直不相信自己的耳朵——那是他连做梦都想去的地方啊！父亲告诉他，这一次是中国的皇帝忽必烈盛情邀请他们去的，如果他们愿意，可以带一些意大利教士或老师随他们一起去中国，可以在那儿向中国人介绍意大利的文化。马可·波罗一家简直高兴极了。

就这样，他们一家人带着招募来的几位教士和老师一起向中国进发了。这次他们走的路程很遥远，旅程也很艰难。他们要从意大利乘船到巴勒斯坦，然后越过阿拉伯大沙漠，经过气候恶劣的阿富汗和"世界屋脊"西藏，最后越过中国的戈壁大沙漠，一路跋山涉水，最后才可以到达中国的首都。走到半路时，那些随行的教士和老师害怕了，他们死也不肯往前走，马可·波罗一家只好送别了他们，自己冒死往前走。走啊走，走了不知道多少个日日夜夜，他们终于在1275年春天走到大都（今北京），来到了忽必烈的皇宫！这条艰难的路他们整整走了六年，这时候，马可·波罗已经是一个二十一岁的青年人了。

马可·波罗英俊好学，他很快学会了汉语，也很快博得了皇帝的喜爱。忽必烈派他到当时中国最繁华的城市扬州去做行政长官，那时扬州的人口有二十五万，它不仅是中国的大都市，也是整个东方有名的大都市。马可·波罗在那儿待了三年。后来皇帝又派他到云南、西藏、新疆等地巡视，还派他出使到印度支那、缅甸等地。他每到一个地方都要详细地考察当地的风俗、地理、人情。所以每次回去，马可·波罗都会给忽必烈带回很多各地的故事和风土人情，因此，忽必烈越来越赏识他了。

马可·波罗一家在中国越来越富裕，他们赚了很多金银珠宝，当然，他们也受到了别人的嫉妒。马可·波罗一家担心忽必烈死了以后宫廷里的人会迫害他们，就请求皇帝允许他们回国，回到日夜思念的威尼斯。可是皇帝拒绝了他们的请求。这时候，波斯（Persia）国王派来了一个使者，他代表波斯王子向忽必烈的女儿求婚，忽必烈答应把公主嫁给他们，他需要一些有身份又有经验的高级官员护送公主到遥远的波斯去

结婚。忽必烈决定派马可·波罗一家去完成这个重要的任务，并同意他们在任务顺利完成后可以回威尼斯看看。

这趟旅行相当艰险。一路上到处是土匪出没，而且还有忽必烈的敌人趁火打劫。他们决定建造一些大船从海上航行。1292年，他们终于启程了。这支队伍非常庞大，有马可·波罗一家、公主、六百位随行的贵族和大量的仆人。他们从印度支那海上开始航行，经历了数不清的困难，后来终于到达东非海岸。不幸的是，这一路死了很多人，随行的六百个人最后只剩下十八个人活了下来。幸运的是，马可·波罗一家和公主安全地到达了波斯。顺利完成了任务，马可·波罗一家终于回到了威尼斯。这时候他们离开家乡已经二十四年了。他们带回去的无数奇珍异宝震惊了整个威尼斯。

后来，马可·波罗在一条船上当船长。1298年，他参加了威尼斯与热那亚的战争。同年9月不幸被热那亚的军队捕获，马可·波罗成了俘虏，被送进了监狱。在监狱里，在一个狱友的帮助下，他写下了自己这一生充满传奇色彩的回忆录。1299年，马可·波罗被释放了，他又回到了威尼斯从事贸易活动。后来他结了婚，有了三个女儿。1324年，马可·波罗去世，葬于威尼斯的一个大教堂。

可以说，马可·波罗的一生充满了传奇色彩，尤其是他的回忆录《东方见闻录》，是人类史上西方人认识东方的第一部著作。早在1298年，马可·波罗就完成了他的回忆录。这本书述说了他在中国、日本、越南和东印度等的经历。在马可·波罗还活着的时候这本书就被译成了各种外语在欧洲发行。1440年前后，印刷术传到欧洲以后，这本书更是风靡整个欧洲。后来，有人认为这本书好像是一部童话书，里面有太多夸张的地方，当时很少有人会真正相信马可·波罗的话，但是他们仍然把他的故事越传越远。据说，两百年以后，哥伦布就是受到马可·波罗游记的鼓舞和激励去寻求新大陆的。据说在他寻找新大陆的航行中，他还带着马可·波罗的《东方见闻录》，时不时地从里面查询他需要的材料。

后来，根据现代地理学家的研究，马可·波罗的著作绝不是像他那个时代的人说得那么荒诞不经，他叙述的地理情况十分真实，它们有着令人惊奇的准确性。

生词　Vocabulary

1.	探险家	tànxiǎnjiā	名	explorer
2.	见闻录	jiànwénlù	名	records of what one sees and hears
3.	远涉重洋	yuǎnshè chóngyáng		travel across many seas, sail across the seas
4.	国度	guódù	名	country
5.	筐	kuāng	名	basket
6.	盛情	shèngqíng	名	great kindness, boundless hospitality
7.	招募	zhāomù	动	to recruit, to enlist

8. 沙漠	shāmò	名	desert
9. 半路	bànlù	名	halfway, midway
10. 冒死	màosǐ	副	riskly
11. 英俊	yīngjùn	形	handsome
12. 博得	bódé	动	to win, to gain
13. 巡视	xúnshì	动	to make an inspection tour
14. 风土人情	fēngtǔ-rénqíng		local conditions and customs
15. 赏识	shǎngshí	动	to appreciate
16. 富裕	fùyù	形	affluence, well-off
17. 迫害	pòhài	动	to persecute
18. 使者	shǐzhě	名	emissary, envoy
19. 求婚	qiú hūn		to propose marriage (by man)
20. 护送	hùsòng	动	to escort, to convoy
21. 土匪	tǔfěi	名	bandit, brigand
22. 出没	chūmò	动	to appear and disappear, to come and go
23. 打劫	dǎjié	动	to rob, to loot, to plunder
24. 庞大	pángdà	形	huge, immense
25. 回忆录	huíyìlù	名	reminiscences, memoirs, recollections
26. 述说	shùshuō	动	to state, to recount, to narrate
27. 风靡	fēngmǐ	动	to be fashionable
28. 童话	tónghuà	名	fairy tale

29. 夸张	kuāzhāng	形	exaggerate, overstate
30. 鼓舞	gǔwǔ	动	to inspire
31. 激励	jīlì	动	to encourage, to stimulate
32. 查询	cháxún	动	to inquire, to refer
33. 荒诞不经	huāngdàn-bùjīng		preposterous, ridiculous

专 名 Proper Nouns

| 1. 印度支那 | Yìndùzhīnà | Indochina |
| 2. 缅甸 | Miǎndiàn | Burma |

Exercise One: Remembering Details

细读本文，指出下列句子提供的信息是对的还是错的。如是错的，请改成正确的答案

1. 这个故事发生在中国的唐朝。　　　　　　　　　　　　　　（　　　）

2. 马可·波罗是个读书人，他父亲和叔父是商人。　　　　　　（　　　）

3. 马可·波罗一家带了很多教士和教师到中国。　　　　　　　（　　　）

4. 中国皇帝派马可·波罗的父亲到扬州去当了行政长官。　　　（　　　）

5. 马可·波罗在宫廷里受到了迫害，他要求回威尼斯。　　　　（　　　）

6. 马可·波罗爱上了忽必烈的女儿，于是向她求婚。　　　　　（　　　）

7. 马可·波罗回到家乡以后被送进了监狱。　　　　　　　　　(　　)

8. 因为马可·波罗写了回忆录，他被释放了。　　　　　　　　(　　)

9. 《东方见闻录》非常有名，它对西方人认识东方影响很大。　(　　)

Exercise Two: Analyzing Ideas

根据文章内容，选择正确的答案

1. 马可·波罗的父亲和叔父到中国去是为了＿＿＿＿＿＿。
   A. 见中国皇帝　　　　B. 做生意　　　　C. 写书

2. 马可·波罗想去中国的原因是＿＿＿＿＿＿。
   A. 为了出名　　　　B. 刚十五岁　　　　C. 中国是他梦想的地方

3. 中国皇帝邀请意大利人去中国是想让他们＿＿＿＿＿＿。
   A. 做生意　　　　B. 当官　　　　C. 介绍意大利文化

4. 那些教士和老师在半路上放弃了去中国，是因为＿＿＿＿＿＿。
   A. 怕中国皇帝　　　　B. 认为中国不好　　　　C. 怕吃苦

5. 忽必烈让马可·波罗一家护送公主是为了＿＿＿＿＿＿。
   A. 让他们回家　　　　B. 代表皇帝　　　　C. 避免吃苦

Exercise Three: Synonyms

根据上下文的意思，找出句中加点词的同义词或它的意思

1. 这一次是中国的皇帝忽必烈盛情邀请他们去的。(　　)
   A. 非常喜欢　　　　B. 非常热情　　　　C. 非常高兴

2. 他们一家人带着招募来的几位教士和老师一起向中国进发了。(　　)
   A. 强迫　　　　B. 招呼　　　　C. 召集

3. 马可·波罗英俊好学，他很快学会了汉语。(　　)
   A. 努力　　　　B. 聪明　　　　C. 帅气

4. 每次回去，马可·波罗都会给忽必烈带回很多各地的故事和风土人情，因此，忽必烈越来越赏识他了。（　　）

   A. 熟识　　　　　B. 奖赏　　　　　C. 欣赏

5. 1440 年前后，印刷术传到欧洲以后，这本书更是风靡整个欧洲。（　　）

   A. 流行　　　　　B. 泛滥　　　　　C. 宣传

6. 据说在他寻找新大陆的航行中，他还带着马可·波罗的《东方见闻录》，时不时地从里面查询他需要的材料。（　　）

   A. 查找　　　　　B. 询问　　　　　C. 研究

Exercise Four: Discussion Questions

讨论下面的问题

1. 你听说过马可·波罗的故事吗？马可·波罗为什么那么有名？
2. 马可·波罗的父亲为什么喜欢远涉重洋去做生意？
3. 马可·波罗的父亲为什么要带他去中国？
4. 谈谈马可·波罗在中国的经历，并说一说中国皇帝为什么那么喜欢他。
5. 马可·波罗一家为什么要到波斯去？他们这次的经历如何？
6. 马可·波罗晚年的情况怎么样？他是在哪儿写《东方见闻录》的？他为什么要写《东方见闻录》？

第十九课　巴黎的"中国公主"

1694 年，法国的首都巴黎发生了一件轰动全国的大事：有人发现了一位流亡到欧洲的中国公主，并且把她送到了法国国王的宫廷里。法国当时是令人瞩目的欧洲文明中心，在那个地方出现这样一件奇事，当然影响力很大，传播得也更远。不久，几乎全国的老百姓都知道了这桩令人振奋和惊讶的怪事。

当时的法国人已经知道遥远的中国很多年了。他们早就从马可·波罗的那部充满着梦幻和神秘色彩的《东方见闻录》里知道了那个"绚丽辉煌、黄金铺地"的富庶的国家。法国人都知道中国富极了，中国的文明远远高于他们的文明，中国是一个梦一样美好的国度。可惜山高路远，他们不能亲自去中国看看那个神奇的地方。但是，当时大家的心中都有一个中国梦，中国成了法国人民心中的一个乌托邦。法国人认为中国人是富人，那皇帝当然是最富的富人，皇帝的女儿一定是个充满神奇色彩的人物。既然大家都去不成中国，能见见中国人也是好的啊！特别是现在就有一个中国的公主在眼前，为什么不寻找机会去看看这位来自另一个世界的神奇的人、听一听她神奇的故事呢！就这样，当时整个巴黎轰动了，整个法国也轰动了。

这位中国公主是怎么来到法国巴黎的呢？她长得又是什么样子呢？人们一时充满了好奇心。可惜，中国公主不会说法语，大家一时很难摸清她的底细。过了很久，这位中国公主开始说话了，她用的是一种夹杂

184

第十九课 巴黎的"中国公主"

着各种怪里怪气的口音说法语，说得很不流利。但是从她的叙述中，人们还是大致弄明白了她的来历。

这位公主说她是中国康熙（Kāngxī）皇帝的女儿，她的父亲把她嫁给了日本的王子。康熙皇帝决定让她的母亲飘洋过海陪她去日本成亲。从中国到日本，必须乘船去。可是那片海域很不安全，经常有海盗出没。很不幸，她们在海上遇到了荷兰海盗，于是被俘虏了。她母亲受不了折磨，后

来死在了海上，她则被海盗们带往欧洲。在途中，这些海盗遇到了法国的船队，海盗吓跑了，法国人救下了这位中国公主。这样，这位"康熙的女儿"最后辗转来到了法国。当时的欧洲人几乎从来没见过东方人或者中国人，根本不知道中国人长得啥模样，人们很难证实这个中国公主说的是不是真的。但是，又有什么必要去证实呢？这位公主的离奇故事和神秘色彩一下子满足了整个巴黎社会的东方热和对中国的好奇心，而且，更幸运的是，他们见到的是一位中国公主！谁又愿意说她不是公主呢？！

于是，这个可怜的中国公主遇难的事轰动了法国后，马上就有很多皇家亲戚、达官贵人争抢着来关心这个女人。他们送给她很多钱、珠宝和漂亮的衣服，按照皇家的礼节对待她，非常小心地照顾她。有的贵夫人还想收养她做养女，给她最高贵的教育，让她穿最华美的服装，吃最

昂贵的美食。中国公主一时变成了法国最高贵的客人，成了法国人最瞩目的中心人物，甚至国王和王后都接见她，以宫廷的礼节来对待她。

可是，事与愿违，这时偏偏出现了一位在中国生活多年的法国传教士，他刚从中国回到法国。听说有一位中国公主居然来到了法国，他非常惊讶，也感到非常奇怪。他想把这件事弄个水落石出。于是，他想去见见这位公主。可是当时这位公主这么华贵，一个小小的传教士哪有机会接近她呢？功夫不负有心人，他到处求人，终于有了一个机会——他找到了一位贵族夫人愿意帮他联系去见见这位尊贵的中国公主。

这一天终于到了，传教士非常兴奋。可是，当他见到这位中国公主后，他有一种奇怪的感觉：这位公主长得怎么完全不像中国人啊！"中国公主"也没想到她会遇到一位真正从中国回来并在中国生活过的传教士！

传教士惊讶的表情显然被"中国公主"觉察到了，可是她心里早已有了准备。传教士开始用汉语跟她说话。没想到，中国公主好像一点儿都听不懂他的话。有趣的是，虽然听不懂，中国公主却非常坦然，她用一种非常奇怪的语言和声调来跟他对话。就这样，像是鸡同鸭讲，对话很快就进行不下去了。不仅他们两人，连旁边的人都看出来他们没法用语言互相交流，也就是说，他们中间一定有一个人不会说中国话。人们当然不会怀疑中国公主不会说中国话，那么不会说中国话的只能是那位传教士。传教士在中国生活多年，经常说中国话，他明明知道眼前的这个女人不会说中国话，可是所有的人都指责他不会说中国话，他委屈极了。

可怜的传教士最后终于又想出了一个办法：他家里有一些中文书，他想，这个"中国公主"不会说中国话，那她一定不会读中文书。如果

第十九课　巴黎的"中国公主"

能证明她不会读中文，传教士也许会挽回一些脸面。于是他带了几本中文书，兴冲冲地又到了中国公主那儿请她读。没想到，中国公主一点儿也不害怕，她连犹豫都没犹豫拿起书来就读，读得又快又响。但是，她读的完全不是中文！

传教士当然又失败了。他知道，他遇到了狡猾的对手。可是因为当时没有人懂中文，也没有人见过真正的中国人，更没人有资格证明他是对的。这个女人只凭她是"中国公主"这个招牌，就足以打败所有怀疑她的人。他最后还是失败了。

又是好多年过去了，这个女人仍然坚称她是中国人，可是人们渐渐开始不太相信她的话了。因为法国后来有越来越多的传教士从中国回来，他们见过真正的中国人了。

那么这个法国女人为什么要冒充中国公主呢？在她晚年时，人们问她为什么要这样做，她给予了一个十分哀切的回答。她说，她以前是一个十分贫穷的法国女人，没有一个人会关心她。可是她一旦变成中国人，她的好运气一下子就会全来了。她为什么不这样做呢？

这个故事我们今天读起来虽然觉得有些好笑，但是它传递给了我们一个信息，那就是，中国在当时的欧洲人眼里是一个神奇的国度，是人类文明美好的化身。那时候的西方人是非常崇拜中国的，而且盲目崇拜中国的大有人在，甚至很多西方著名的思想家、学者都赞美中国，希望向中国学习。"中国公主"的故事看上去像是一场闹剧，其实正是当时这种心理的一个真实的写照。

根据 Jonathan Spence *To Change Europe* 改写

生　词　Vocabulary

1. 轰动	hōngdòng	动	to cause a sensation, to make a stir
2. 流亡	liúwáng	动	to go into exile
3. 瞩目	zhǔmù	动	to fix eyes on
4. 振奋	zhènfèn	形｜动	heart-stirring; to be inspired with enthusiasm
5. 富庶	fùshù	形	rich and populous
6. 底细	dǐxì	名	unapparent details (of a matter), unknown background
7. 夹杂	jiāzá	动	to be mixed up or mingled with
8. 大致	dàzhì	形	rough, general
9. 成亲	chéng qīn		to get married
10. 海域	hǎiyù	名	sea area, maritime space
11. 海盗	hǎidào	名	pirate
12. 俘虏	fúlǔ	动	to capture
13. 达官贵人	dáguān-guìrén		high officials and notables, VIPs
14. 皇家	huángjiā	名	royal family
15. 事与愿违	shìyǔyuànwéi		things go contrary to one's wishes
16. 传教士	chuánjiàoshì	名	missionary
17. 水落石出	shuǐluò-shíchū		everything comes to light
18. 觉察	juéchá	动	to perceive, to detect
19. 坦然	tǎnrán	形	calm, unperturbed, frank

20. 指责	zhǐzé	动	to criticize
21. 委屈	wěiqu	形	aggrieved
22. 挽回	wǎnhuí	动	to retrieve, to redeem
23. 兴冲冲	xìngchōngchōng	形	excited
24. 狡猾	jiǎohuá	形	sly, cunning
25. 坚称	jiānchēng	动	to assert positively, to affirm
26. 冒充	màochōng	动	to pretend to be
27. 哀切	āiqiè	形	grieved, sad, distressed
28. 信息	xìnxī	名	information, news, message
29. 盲目	mángmù	形	blind
30. 崇拜	chóngbài	动	to adore
31. 闹剧	nàojù	名	farce, slapstick comedy

专　名　Proper Noun

荷兰	Hélán	The Netherlands, Holland

Exercise One: Remembering Details

细读本文，指出下列句子提供的信息是对的还是错的。如是错的，请改成正确的答案

1. 这个故事发生在法国的首都巴黎。　　　　　　　　　　　　　（　　　）

2. 那时候，法国人虽然没去过中国，但对中国很感兴趣。（   ）

3. 法国人非常不欢迎中国公主来法国。（   ）

4. 法国人不相信中国公主会来法国。（   ）

5. 传教士嫉妒中国公主，所以他想让人知道她不是中国人。（   ）

6. 人们相信中国公主，不相信法国传教士。（   ）

7. 传教士会读中文书，中国公主不会读中文书。（   ）

8. 法国人后来一直相信中国公主的故事。（   ）

9. 这个故事告诉我们，西方人曾经盲目崇拜过中国。（   ）

Exercise Two: Analyzing Ideas

根据文章内容，选择正确的答案

1. 1694年，法国首都巴黎发生轰动是因为_____。

　　A. 是欧洲文明中心　　B. 法国宫廷出事了　　C. 出现了一位中国公主

2. 当时的法国认为遥远的中国_____。

　　A. 文明程度不高　　B. 非常富庶　　C. 一点儿也不神秘

3. 人们都想见见中国公主是因为_____。

　　A. 人们有好奇心　　B. 公主很漂亮　　C. 人们想去宫廷参观

4. 中国公主说她是被_____海盗抢走的。

　　A. 日本　　B. 法国　　C. 荷兰

5. 这个法国女人说她是中国公主的原因是_____。

　　A. 想得到好运气　　B. 想震动传教士　　C. 喜欢中国

Exercise Three: Synonyms

根据上下文的意思，找出句中加点词的同义词

1. 1694年，法国的首都巴黎发生了一件轰动全国的大事。（   ）

　　A. 动荡　　B. 惊动　　C. 振奋

2. 法国当时是令人瞩目的欧洲文明中心，在那个地方出现这样一件奇事，当然影响力很大，传播得也更远。（　　）

　　A. 注视　　　　　　B. 热闹　　　　　　C. 注意

3. 可惜，中国公主不会说法语，大家一时很难摸清她的底细。（　　）

　　A. 真相　　　　　　B. 仔细　　　　　　C. 长相

4. 从她的叙述中，人们还是大致弄明白了她的来历。（　　）

　　A. 根本　　　　　　B. 大概　　　　　　C. 完全

5. 康熙皇帝决定让她的母亲飘洋过海陪她去日本成亲。（　　）

　　A. 变成亲戚　　　　B. 交朋友　　　　　C. 结婚

6. 如果能证明她不会读中文，传教士也许会挽回一些脸面。（　　）

　　A. 拿到　　　　　　B. 补回　　　　　　C. 回到

Exercise Four: Discussion Questions

讨论下面的问题

1. 当时的法国人为什么会对中国文化那么感兴趣？

2. "中国公主"的骗术并不十分高明，可她为什么会成功？

3. 法国的宫廷贵族为什么关心中国公主？法国皇帝为什么接见她？

4. 传教士为什么要证明她不是中国公主？他为什么一再失败？

5. 那个贫穷的法国女人为什么要冒充中国公主？

6. 人们最后是怎么识破"中国公主"的？你觉得她可笑吗？

7. 有一部电影叫"Princess Caraboo"，它的故事和"中国公主"的故事相似。你看过这部电影吗？请比较一下儿这两个故事的不同。

第二十课　历史上的大航海时代

西方文艺复兴以后，欧洲一些国家开始了突飞猛进的发展。它们的这种发展得益于当时的地理大发现。什么是地理大发现呢？这是一场惊人的科技和人文变革，它主要是指 15 世纪至 17 世纪之间在欧洲发起的航海和发现世界地理的运动。在这个时期，欧洲的西班牙、葡萄牙、荷兰、英国和法国等国家通过支持海上探险和发现新的航道，来鼓励人们发现世界上的新地理区域、开辟新的交通渠道，让世界各地有更多的交流；并且，他们通过这种交流得到了很多政治和经济上的新利益。

在古代，由于生存能力和科技不够发达，人们生活和生产大多局限于陆地。那时候，国家之间的交往大多靠陆地上的交通，用车、马、骆驼或者其他交通工具翻山越岭，有时候还要跨过沙漠、越过大江大河，非常不方便。那时候，古人往往害怕大海，海成了人和人、国家和国家之间交往的障碍。

因为这个原因，古人并不了解整个地球和世界，他们把海看成了世界的尽头，不知道海的另一边是什么。比如说，古代的中国认为自己就是世界或者天下，中国是世界的中心，而海外的国家和人们都算是世界的边缘，那些地方的人是没有文化、缺少知识的人。当然，古代的欧洲人或者其他地方的人也这样认识自己和看待别人，都喜欢把自己看成世界的中心。其实，在那时，是海阻碍了我们理解世界、认识世界以及如何看待别人。

第二十课　历史上的大航海时代

那时候，因为海洋太辽阔，海上风浪太危险，所以人们惧怕航海。比如说，在久远的古代，中国跟其他国家的交往基本上是通过陆地运输。中国古代的丝绸之路就是穿过高山、大河、沙漠和草原，艰苦跋涉上万里路，一直从中国走到欧洲。那时候，人们尽量避免跟海打交道。

但是，随着世界商贸活动的增长，欧洲国家开始更多地需要东方生产的香料、丝绸、瓷器和其他货物。但那时候，东方和欧洲之间的商贸道路很不方便。古老的丝绸之路远远不能满足他们的需要，而且丝绸之路上还很不安全。这条路上经常有盗匪杀人抢夺财物，另外，路上还有很多统治者设关卡，逼迫商人交纳昂贵的关税。这样，很多从东方运到欧洲的货物要比原来贵上八到十倍。因此欧洲人觉得他们必须想办法找到另外通往东方的新航线来解决这个问题。

幸运得很，随着文艺复兴科技的发达，欧洲的造船和航海技术也有了很大的发展。另外，这个时期，有一件事极大地刺激了他们探索东方和去中国做生意的动力，那就是人们读到了马可·波罗描述的他如何冒险到中国、在中国成功做商人甚至当官的经历。在他的书中，他把中国描写成了一个非常神秘富有、美丽神奇的地方。

这样，借助于当时的新兴科技，著名探险家哥伦布决定寻找一条通往东方的新航路。西班牙女王非常支持他，于是他带着船队出发了。后来他发现了一块新大陆，他以为这块土地就是东方，但事实上他发现的地方是美洲。后来，葡萄牙人也发现了从欧洲到印度的海上航线，他们同时还发现了广袤的非洲大地。后来又有航海家发现了澳洲和世界上其他的地方。这样，人类关于世界地理的知识就越来越全面了。

关于大航海和地理大发现时代的意义，今天人们有着不同的看法和争论。有的人认为它是一个了不起的科技和文化革命，它引导了人类文明不断向前发展。它促进了各种文化、各个种族之间的沟通交流，也加强了文化、政治和商贸之间的联系。

也有的人认为，虽然大航海特别是"地理大发现"为人类做出了很大的贡献，但它也导致了一些地区与人民的灾难。因为当时一些欧洲国家开始利用他们先进的科技和强大的武力，侵占并掠夺亚洲、非洲、美洲、澳洲等其他大洲的资源和土地，把那里的很多国家变成了自己的殖民地。后来，随着近现代世界政治的变化和人类文明及科技的进步，殖民地国家的人们慢慢地开始争取独立和解放。现在，那些在地理大发现时代被侵略和强行占领亚、非、美、澳地区的绝大多数国家人民都获得了自由。

还有人认为，其实"地理大发现"是一个错误的说法。因为"哥伦布们"并没有"发现"任何土地和人民——在他们到达和"发现"美洲以前，这里的土地一直存在着，这儿的人们已经在这块土地上生活了几千年甚至几万年了，这些探险家们所进行的探索只是极大地扩展了已知世界的范围而已。

几百年后，我们今天回顾这个话题，也能看出那时候的世界新航路的发现和开通对后来人类文明的发展做出了一定的贡献。它的确促进了东西方之间文化、政治和经济的交流。同时，新航路的开辟引发了商业革命，东西方之间流通的物种、商品种类增多，新的产品出现在各国市场上。比如，我们今天吃的蔬菜和水果，如玉米、西红柿、马铃薯、辣椒、胡萝卜、红薯、洋葱、草莓、西瓜等都是来自世界几大洲不同的地区。这些产品都是那时候探险家发现并通过各种渠道传播到全世界的，让我们今天吃的食品更加丰富了，生活变得更加有滋有味了。

说到航海，我们不能忘记中国古人在这方面也有杰出的贡献。其实，

第二十课　历史上的大航海时代

远在欧洲地理大发现之前，中国明朝航海家郑和在哥伦布出生半个世纪以前就开始了大航海的探索，并有了从中国到东南亚三十多个国家的航行**壮举**，甚至有记录说，郑和曾经到达过非洲东岸、阿拉伯，并有可能到过澳洲呢。总之，郑和下西洋是地理大发现航行以前世界历史上规模最大的一系列海上航行。

但是，那时候中国的航海并没有让中国走向现代化，而且中国航海的目的不是为了经商和贸易，它更像是一种**示威**和**嘉年华**性的巡礼。郑和的航海船队非常豪华，史书上说他每次航海都有很多条巨船，每次都有两万多人。而后来西方的航海家航行时一般只有几条船、几百个人。但是，由于政治和经济上**理念**的不同，那时候中国和西方的航海家们的航海探险促使他们在各自走向现代化的路上选择了不同的道路。

生　词　Vocabulary

1. 突飞猛进	tūfēi-měngjìn		to advance rapidly
2. 得益	déyì	动	to benefit from, to profit from, to benefit by
3. 探险	tàn xiǎn		to explore
4. 航道	hángdào	名	channel, sea-route
5. 区域	qūyù	名	area, region, district
6. 渠道	qúdào	名	channel, medium of communication
7. 骆驼	luòtuo	名	camel

8. 翻山越岭	fānshān-yuèlǐng		to tramp over mountains and through ravines, to go over mountains and bound across the peaks
9. 尽头	jìntóu	名	end, bottom
10. 边缘	biānyuán	名	edge, margin
11. 盗匪	dàofěi	名	bandit, mobster, mugger
12. 关卡	guānqiǎ	名	checkpoint, customs barrier, an outpost of the tax office
13. 关税	guānshuì	名	tariff, customs duty
14. 刺激	cìjī	动	to stimulate
15. 借助	jièzhù	动	with the help of, to draw support from
16. 侵占	qīnzhàn	动	to encroach, to occupy
17. 掠夺	lüèduó	动	to plunder, to pillage, to rob
18. 独立	dúlì	动	to be independent
19. 有滋有味	yǒuzī-yǒuwèi		flavorous
20. 壮举	zhuàngjǔ	名	magnificent feat, heroic undertaking
21. 示威	shìwēi	动	to demonstrate, to display one's strength
22. 嘉年华	jiāniánhuá	名	carnival
23. 理念	lǐniàn	名	idea, conception

Exercise One: Remembering Details

细读本文，指出下列句子提供的信息是对的还是错的。如是错的，请改成正确的答案

1. 15世纪至17世纪之间的"地理大发现"让全世界在政治和经济上获得了很多新的利益。（　　）

2. 在大航海时代以前，各个国家的交流大多依赖陆上交通。（　　）

3. 古代的中国人很骄傲，他们认为自己是世界的中心。（　　）

4. 因为丝绸之路很不安全，所以运到欧洲的货物变得很贵。（　　）

5. 地理大发现的一个重要原因是欧洲人希望发现一条跟东方进行商业和经济交流的近路。（　　）

6. 哥伦布决定寻找新航路时，西班牙女王并不支持他。（　　）

7. 地理大发现给欧洲带来了很多好处，但也给世界其他地方的人带来了一些灾难。（　　）

8. 虽然地理大发现增长了我们关于世界的知识，但是有人认为它也有很多不好的影响。（　　）

9. 有人不承认地理大发现，他们认为探险家并没有发现任何一个洲，在他们发现以前，这些地方已经存在了。（　　）

10. 大航海时代带来了好处，让我们今天可以享受全世界的食物。（　　）

11. 古代中国人也参加了新航路的开辟，并且还发现了美洲和很多其他的地方。（　　）

12. 古代中国人虽然比较早地进行了一些航海活动，但是他们的目的不是经商，所以他们航海活动的规模相对较小。（　　）

Exercise Two: Analyzing Ideas

根据文章内容，选择正确的答案

1. 欧洲的地理大发现和航海运动让他们得到了很多_____的利益。

 A. 政治和经济　　　　　B. 文化和科技　　　　　C. 地理和人文

2. 在古代，国家和国家之间的交通主要是靠_____。

 A. 空中运输　　　　　　B. 陆地交通　　　　　　C. 海上运输

3. 古人喜欢把自己看成世界的中心，把海看成世界的尽头是因为_____。

 A. 太骄傲　　　　　　　B. 害怕海　　　　　　　C. 缺乏知识

4. 关于大航海和地理大发现时代的意义，人们的看法_____。

 A. 相同　　　　　　　　B. 没有任何争论　　　　C. 有很多不同之处

5. 中国明朝航海家郑和在西方航海家航行_____进行了规模巨大的航海活动。

 A. 之后　　　　　　　　B. 之前　　　　　　　　C. 同时

Exercise Three: Synonyms

根据上下文的意思，找出句中加点词的同义词或它的意思

1. 西方文艺复兴以后，欧洲一些国家开始了突飞猛进的发展，它们的这种发展得益于当时的地理大发现。（　　　）

 A. 迅速　　　　　　　　B. 突然　　　　　　　　C. 凶猛

2. 通过地理大发现，欧洲开辟了新的交通渠道，让世界各地有了更多的交流。（　　　）

 A. 河流　　　　　　　　B. 方法　　　　　　　　C. 道路

3. 这样，借助于当时的新兴科技，著名探险家哥伦布决定寻找一条通往东方的新航路。（　　　）

 A. 依靠　　　　　　　　B. 帮助　　　　　　　　C. 指望

4. 因为当时一些欧洲国家开始利用他们先进的科技和强大的武力，侵占并掠夺亚洲、非洲、美洲、澳洲等其他大洲的资源和土地。（　　　）

 A. 争取　　　　　　　　B. 提供　　　　　　　　C. 抢夺

5. 但是，由于政治和经济上理念的不同，那时候中国和西方的航海家们的航海探险促使他们在各自走向现代化的路上选择了不同的道路。（　　）

  A. 看法   B. 信仰   C. 希望

Exercise Four: Discussion Questions

讨论下面的问题

1. 你了解"大航海时代"和"地理大发现"的故事吗？你知道在地理大发现以前的时代东西方的人是怎样交往交流的吗？
2. 请你谈谈地理大发现是怎样改变了世界。它对今天的世界有什么意义？
3. 原来已经有了丝绸之路，欧洲人为什么还要探索通往东方的新航道？
4. 根据这篇文章提供的信息，请你谈谈地理大发现以后欧洲跟世界的关系。
5. 关于地理大发现的历史意义，人们都有什么样的观点？你觉得地理大发现的意义是什么？
6. 中国人在大航海时代以前就已经有了远洋航海的能力，可是为什么他们没有像欧洲那样让中国走向现代化？

第二十一课　火车在中国的百年

在中国，有句俗话叫"要想富，先修路"。有了路，地区与地区之间或人与人之间才能更好地沟通和交流；同时，便利的交通也能促进一个地区经济的发展，方便物资的运输，同时可以促进人类现代化建设。

提起交通，众所周知，它最重要的一种交通方式就是铁路。铁路在人类历史上发明的时间不算长，才不到两百年，但是它在改变人类生活方式和促进现代化发展方面却是贡献不小。

火车最早是欧美人发明的，它极大地促进了欧美国家的经济发展。那时候，西方借助于铁路和火车，在政治和经济上取得了很多发展优势；而当时的中国科技比较落后，其运输主要靠人力和畜力，还没有进入工业机械化时代。因此，交通不发达影响了中国的现代化和进步。

鸦片战争以后，西方国家开始进入中国，他们的商品和科技也开始慢慢地影响着中国。那时的西方想逐渐把中国变成他们的殖民地，为了获取更多的物资并打开中国市场，他们一直想在中国修建铁路。但是，当时的中国政府坚决不同意修建铁路，也不愿意引进火车。因为当时，中国与西方的关系并不好，清朝政府对西方的事物都比较警觉。另外，铁路和火车作为一个新生事物，被当时的人认为是"奇技淫巧"；还有一些守旧的人认为火车声音太响、气势太大，它也许会妨碍中国的风水。

但是后来，随着社会的不断进步和发展，中国的官员和读书人开始对西方世界有了更多的了解。他们发现，火车并没有什么不好的影响，反而对发展一个国家经济、文化以及军事等方面都非常有用。他们慢慢认识到铁路、火车跟兵器、兵船一样重要，是中国走向现代化和发展富强的重要工具。于是，政府开始有计划地修建铁路了。

但是当时，中国人还是很守旧。刚开始，中国虽然在北京附近建成了铁路，却仍然用骡马拉火车。直到很久以后，中国人才开始改用蒸汽机车。那时，中国到西方的留学生也学会了建造铁路和火车的技术，中国人慢慢地开始自己修建铁路和制造火车了。

火车在中国的发展大致分为以下几个阶段。第一个阶段是在旧时代。那时候的火车是蒸汽机，它主要是烧煤炭，用"火"做燃料动力。这个阶段持续时间比较长，从清朝一直到中华人民共和国成立以后。到了20世纪70年代以后，中国的火车开始逐渐改成烧油或燃气，这种改变使火车换成了内燃机车，这是第二个阶段。到了21世纪，中国的铁路开始进入一个新的发展阶段，它有了更大的变化，这个变化就是在全国普遍建成了新的高速铁路和高速电力机车。中国老百姓亲切地把这种电力火车叫作"高铁"。中国是一个地理面积很大的国家，人们的出行习惯主要是坐火车。高铁的建成极大地方便了老百姓的工作、生活和旅行，也方便了中国的商品运输。近年来，中国铁路建设的飞速发展促进了整个经济的发展，火车也成了中国老百姓日常生活中不可分割的一部分了。

据统计，现在，中国大陆的铁路总里程数近14万千米；中国现在拥有全球第二大的铁路网。目前中国的高铁系统在全球规模最大，而且它还在持续发展着。中国花了一个世纪的时间，从没有铁路和火车，到成为世界上的火车大国，有人认为这是一个了不起的奇迹。

你坐过中国的火车吗？如果你去过中国，我想你可能坐过中国的火车。在中国，绝大多数老百姓还是喜欢坐火车旅行。因此，火车也是一个小世界。在火车上，你可以看到中国最普通的老百姓的生活，也可以遇到各种各样的人，通过与他们聊天儿，你还可以真实地了解他们的工作、生活以及他们的想法。

中国的火车现在分为高铁和普通火车两种。普通火车又分为慢车和快车。中国没有高铁以前的大部分火车都是普通火车，它们又被叫作"绿皮车"，因为它们的颜色都是绿色的。绿皮车比较慢，但是很多外国朋友却喜欢坐绿皮车。因为在这样的慢车上，可以看到中国各地的风景和一些风土民情。中国也有一些老百姓喜欢坐绿皮车，其原因是它的票价很便宜。但是绿皮车的缺点是速度慢，停车的站点比较多。可是，如果你是来中国旅行，你想了解中国最普通的老百姓生活的话，你不妨买一张短途的绿皮车票，体验一下儿中国人的生活。

当然，如果你比较忙，时间比较紧，那么你最好坐高铁。现在中国几乎每个省都通了高铁。如果旅行路途不太远，人们认为坐高铁比坐飞机还要方便。因为高铁票价要比机票便宜，而且坐高铁比较舒适。另外，坐高铁有时候比坐飞机更省时。因为坐飞机的手续比较烦琐，除了需要办理行李托运、安检等手续外，有时候飞机还可能会晚点。所以，坐高铁又快又方便。如果你还没坐过中国的高铁，下次去中国，你可以去试试，它真的很方便。

总之，火车在中国发展的历史也是中国从落后向现代化发展的一个历史缩影。从火车的百年发展史中我们看到了中国的昨天和今天。我们希望，中国的现代化能够有更好的发展；同时希望，中国的现代化能为中国和全世界带来更加美好的明天。

生词 Vocabulary

1.	沟通	gōutōng	动	to communicate
2.	运输	yùnshū	动	to transport
3.	铁路	tiělù	名	railway, railroad
4.	优势	yōushì	名	advantage, superiority
5.	畜力	chùlì	名	animal power
6.	守旧	shǒujiù	形	conservative, fogyish, fossil past practices
7.	妨碍	fáng'ài	动	to hamper, to hinder, to obstruct
8.	骡马	luómǎ	名	hinny and horse
9.	蒸汽机	zhēngqìjī	名	steam engine
10.	留学生	liúxuéshēng	名	abroad student
11.	煤炭	méitàn	名	coal
12.	燃料	ránliào	名	fuel, bunker
13.	内燃机	nèiránjī	名	internal-combustion engine, combustion engine
14.	高铁	gāotiě	名	high-speed rail, high-speed train
15.	不可分割	bùkě-fēngē		inseparable, indivisible
16.	里程数	lǐchéngshù	名	mileage
17.	风土民情	fēngtǔ-mínqíng		local customs and practices, local conditions and customs
18.	不妨	bùfáng	副	might as well
19.	短途	duǎntú	形	short distance

| 20. 烦琐 | fánsuǒ | 形 | loaded down with trivial details |
| 21. 安检 | ānjiǎn | 动 | security check, safety inspection |

综合练习

Exercise One: Remembering Details

细读本文，指出下列句子提供的信息是对的还是错的。如是错的，请改成正确的答案

1. 中国人说"要想富，先修路"，是因为发展运输有很多好处。（　　）
2. 刚开始的时候，中国人并不喜欢铁路，所以中国政府不同意建铁路。（　　）
3. 中国最早的火车是当时中国到西方的留学生发明的。（　　）
4. 当时中国的官员认为铁路和火车与"兵器、兵船"一样重要，所以开始有计划地建铁路了。（　　）
5. 中国刚刚开始建成铁路的时候，是用蒸汽机来开动火车的。（　　）
6. 旧时代的火车真的是用火来做动力的，这种火车持续的时间比较长。（　　）
7. 中国的高铁速度很快，因为它是一种电力火车。（　　）
8. 因为绿皮车的速度太慢，现在已经没有人坐绿皮车了。（　　）
9. 有一些人觉得，有时候坐高铁旅行比坐飞机还方便。（　　）
10. 铁路和火车在中国的发展展现了中国向现代化发展的一个缩影。（　　）

Exercise Two: Analyzing Ideas

根据文章内容，选择正确的答案

1. 清代时，西方一直想在中国建铁路，是因为他们想_____。
   A. 帮助中国　　　　B. 打开中国的市场　　　C. 发展中国的经济

2. 火车在中国的发展大致经历了_____阶段。
   A. 两个　　　　　　B. 三个　　　　　　　　C. 四个

3. 中国第一个阶段的火车主要是用_____来做燃料动力的。
   A. 火　　　　　　　B. 燃气　　　　　　　　C. 电

4. 现在中国一些老百姓还是喜欢坐绿皮车，是因为它_____。
   A. 比较便宜　　　　B. 比较慢　　　　　　　C. 停车站多

5. 现在，如果旅行路途不是太远，人们往往喜欢坐_____。
   A. 绿皮车　　　　　B. 飞机　　　　　　　　C. 高铁

Exercise Three: Synonyms

根据上下文的意思，找出句中加点词的同义词

1. 那时候，西方借助于铁路和火车，在政治和经济上取得了很多发展优势。（　　）
   A. 力量　　　　　　B. 优点和好处　　　　　C. 榜样

2. 还有一些守旧的人认为火车声音太响、气势太大，它也许会妨碍中国的风水。
   （　　）
   A. 损害　　　　　　B. 遮盖　　　　　　　　C. 波折

3. 火车也成了中国老百姓日常生活中不可分割的一部分了。（　　）
   A. 可以分开　　　　B. 密不可分　　　　　　C. 四分五裂

4. 在这样的慢车上，可以看到中国各地的风景和一些风土民情。（　　）
   A. 性格情况　　　　B. 自然风光　　　　　　C. 环境风俗

5. 你不妨买一张短途的绿皮车票，体验一下儿中国人的生活。（　　）
   A. 不必　　　　　　B. 不该　　　　　　　　C. 可以

Exercise Four: Discussion Questions

讨论下面的问题

1. 在铁路发展的早期,中国人为什么不喜欢铁路?到了后来,他们为什么又要开始建设铁路?

2. 请你说说火车在中国发展几个阶段中的类型。在这几个阶段中,它们分别使用了什么燃料和动力?

3. 请你谈谈铁路在中国发展的简史以及它是怎样影响中国人的生活的。

4. 中国人为什么喜欢坐火车?有些老百姓为什么喜欢坐绿皮车?

5. 为什么文章中说有时候坐高铁比坐飞机还方便?你能不能举例说明?

6. 你去过中国吗?如果去过,你有没有在中国坐火车的经历?如果坐过中国的火车,请谈谈你的经历。如果你没坐过,到了中国你愿意尝试一下儿吗?为什么?

生词索引
Vocabulary Index

	A	
哀切	āiqiè	19
安定	āndìng	17
安检	ānjiǎn	21
安慰	ānwèi	6
	B	
霸道	bàdào	8
百科全书	bǎikē quánshū	6
半路	bànlù	18
帮手	bāngshǒu	15
宝库	bǎokù	6
保安	bǎo'ān	14
保留	bǎoliú	6
保守	bǎoshǒu	16
保佑	bǎoyòu	1
抱怨	bàoyuàn	4
暴烈	bàoliè	9
背井离乡	bèijǐng-líxiāng	12
本钱	běnqián	12

本质	běnzhì	11
逼上梁山	bīshàng-liángshān	12
避讳	bì huì	8
边缘	biānyuán	20
编造	biānzào	6
鞭炮	biānpào	14
贬义	biǎnyì	17
变迁	biànqiān	1
标榜	biāobǎng	12
标示	biāoshì	3
标志	biāozhì	3
博得	bódé	18
不单	bùdān	3
不妨	bùfáng	21
不可分割	bùkě-fēngē	21
不务正业	búwùzhèngyè	9
步骤	bùzhòu	12
	C	
采访	cǎifǎng	14

采摘	cǎizhāi	2
参与	cānyù	1
残缺	cánquē	8
残忍	cánrěn	3
惨淡	cǎndàn	3
惨痛	cǎntòng	17
查询	cháxún	18
缠	chán	4
场合	chǎnghé	3
潮湿	cháoshī	16
扯	chě	10
撤职	chè zhí	1
称霸	chēngbà	17
成亲	chéng qīn	19
惩恶扬善	chéng'è-yángshàn	6
惩罚	chéngfá	8
持续	chíxù	1
赤字	chìzì	3
崇拜	chóngbài	19
抽象	chōuxiàng	10
仇人	chóurén	10
惆怅	chóuchàng	9
丑陋	chǒulòu	5
出没	chūmò	18

出于	chūyú	8
畜力	chùlì	21
触犯	chùfàn	8
传播	chuánbō	6
传递	chuándì	9
传教士	chuánjiàoshì	19
传奇	chuánqí	6
传说	chuánshuō	6
串门	chuàn mén	5
创业	chuàngyè	1
春联	chūnlián	1
纯洁	chúnjié	3
辞	cí	15
伺候	cìhou	9
刺	cì	10
刺激	cìjī	20
粗笨	cūbèn	13
粗蠢	cūchǔn	13
粗鲁	cūlǔ	12

D

搭建	dājiàn	15
达官贵人	dáguān-guìrén	19
打盹儿	dǎ dǔnr	5
打发	dǎfa	13

打劫	dǎjié	18
大致	dàzhì	19
待遇	dàiyù	14
戴孝	dài xiào	4
单纯	dānchún	15
盗匪	dàofěi	20
道具	dàojù	15
得道	dé dào	1
得益	déyì	20
敌意	díyì	17
底细	dǐxì	19
地理	dìlǐ	6
地狱	dìyù	4
典雅	diǎnyǎ	3
点心	diǎnxīn	2
跌	diē	9
兜售	dōushòu	17
独立	dúlì	20
独特	dútè	10
短途	duǎntú	21
多边形	duōbiānxíng	2

E

阿弥陀佛	Ēmítuófó	11
厄运	èyùn	4
恩情	ēnqíng	9
二流子	èrliúzi	16

F

发布	fābù	15
发芽	fā yá	2
番	fān	4
番	fān	17
翻山越岭	fānshān-yuèlǐng	20
烦琐	fánsuǒ	21
反抗	fǎnkàng	4
反映	fǎnyìng	1
泛起	fànqǐ	9
妨碍	fáng'ài	21
纺织	fǎngzhī	6
放牧	fàngmù	9
放弃	fàngqì	6
飞速	fēisù	17
分布	fēnbù	14
丰收	fēngshōu	1
风靡	fēngmǐ	18
风调雨顺	fēngtiáo-yǔshùn	12
风土民情	fēngtǔ-mínqíng	21
风土人情	fēngtǔ-rénqíng	18
风险	fēngxiǎn	12

风雅	fēngyǎ	12		隔阂	géhé	12
封号	fēnghào	8		耕地	gēng dì	2
封锁	fēngsuǒ	17		工匠	gōngjiàng	6
疯子	fēngzi	10		工于心计	gōngyúxīnjì	12
缝纫	féngrèn	1		公益	gōngyì	15
奉行	fèngxíng	3		功能	gōngnéng	1
伏笔	fúbǐ	15		供品	gòngpǐn	2
俘虏	fúlǔ	19		沟通	gōutōng	21
抚养	fǔyǎng	15		构想	gòuxiǎng	6
斧头	fǔtóu	2		孤单	gūdān	15
父系	fùxì	7		辜负	gūfù	13
复仇	fù chóu	6		古怪	gǔguài	10
复活	fùhuó	3		股民	gǔmín	3
富庶	fùshù	19		股票	gǔpiào	3
富裕	fùyù	18		鼓舞	gǔwǔ	18

G

				固定	gùdìng	1
改造	gǎizào	17		关键	guānjiàn	3
盖头	gàitou	3		关卡	guānqiǎ	20
感恩	gǎn ēn	15		关税	guānshuì	20
感染	gǎnrǎn	2		光怪陆离	guāngguài-lùlí	5
高峰	gāofēng	17		广泛	guǎngfàn	6
高铁	gāotiě	21		规劝	guīquàn	12
告示	gàoshi	8		国度	guódù	18
革新	géxīn	17		国防	guófáng	17

国计民生	guójì-mínshēng	17
国际	guójì	1

H

海盗	hǎidào	19
海域	hǎiyù	19
汉学家	hànxuéjiā	12
旱	hàn	6
航道	hángdào	20
航海	hánghǎi	17
好奇	hàoqí	1
何况	hékuàng	4
荷花	héhuā	11
轰动	hōngdòng	19
红白喜事	hóng bái xǐshì	15
红乎乎	hónghūhū	3
洪水	hóngshuǐ	6
厚道	hòudao	12
互联网	hùliánwǎng	15
护送	hùsòng	18
糊弄	hùnong	4
花椒	huājiāo	15
华贵	huáguì	9
画卷	huàjuàn	1
唤醒	huànxǐng	1
荒诞不经	huāngdàn-bùjīng	18
荒谬	huāngmiù	8
荒野	huāngyě	9
皇家	huángjiā	19
辉煌	huīhuáng	17
回报	huíbào	16
回顾	huígù	1
回忆录	huíyìlù	18
混沌	hùndùn	6

J

积贫积弱	jīpín-jīruò	17
激进	jījìn	17
激励	jīlì	18
吉祥	jíxiáng	3
急迫	jípò	14
记载	jìzǎi	6
忌讳	jìhui	3
继母	jìmǔ	15
祭祀	jìsì	1
寄托	jìtuō	1
家具	jiājù	6
家谱	jiāpǔ	12
夹杂	jiāzá	19
嘉年华	jiāniánhuá	20

坚称	jiānchēng	19
简朴	jiǎnpǔ	15
见世面	jiàn shìmiàn	14
见闻录	jiànwénlù	18
建设	jiànshè	17
贱	jiàn	13
健壮	jiànzhuàng	4
讲理	jiǎng lǐ	16
狡猾	jiǎohuá	19
狡黠	jiǎoxiá	12
接触	jiēchù	17
揭竿而起	jiēgān'érqǐ	12
节俭	jiéjiǎn	12
节令	jiélìng	1
节气	jiéqì	1
结缘	jié yuán	10
桀骜不驯	jié'àobúxùn	12
借助	jièzhù	20
尽头	jìntóu	20
井井有条	jǐngjǐng-yǒutiáo	4
井然	jǐngrán	5
警告	jǐnggào	3
镜子	jìngzi	1
九零后	jiǔlínghòu	15

就地取材	jiùdì qǔcái	15
菊花	júhuā	2
橘	jú	2
聚居	jùjū	7
捐献	juānxiàn	4
眷恋	juànliàn	9
觉察	juéchá	19
绝顶	juédǐng	13
倔强	juèjiàng	12
军事	jūnshì	17

K

开发	kāifā	12
开天辟地	kāitiān-pìdì	6
慷慨	kāngkǎi	1
抗议	kàngyì	9
空虚	kōngxū	3
恐怖	kǒngbù	5
控制	kòngzhì	6
口头	kǒutóu	6
骷髅	kūlóu	5
夸张	kuāzhāng	18
跨度	kuàdù	14
筐	kuāng	18
狂欢	kuánghuān	1

困厄	kùn'è	12
阔别	kuòbié	4

L

浪漫	làngmàn	1
浪漫主义	làngmàn zhǔyì	6
老少咸宜	lǎoshào-xiányí	5
雷击	léijī	4
类别	lèibié	6
冷僻	lěngpì	8
冷清	lěngqing	10
离异	líyì	15
黎明	límíng	17
里程数	lǐchéngshù	21
理念	lǐniàn	20
利落	lìluo	15
利润	lìrùn	17
炼	liàn	6
临时	línshí	4
灵魂	línghún	4
灵活	línghuó	4
领域	lǐngyù	17
留学生	liúxuéshēng	21
流传	liúchuán	6
流亡	liúwáng	19
龙腾虎跃	lóngténg-hǔyuè	5
掠夺	lüèduó	20
轮回转世	lúnhuí zhuǎnshì	6
骡马	luómǎ	21
骆驼	luòtuo	20

M

麻木不仁	mámù-bùrén	12
埋	mái	16
买账	mǎi zhàng	12
卖力	màilì	16
卖弄	màinòng	12
脉	mài	11
馒头	mántou	15
盲目	mángmù	19
毛骨悚然	máogǔ-sǒngrán	5
冒充	màochōng	19
冒死	màosǐ	18
眉	méi	10
煤炭	méitàn	21
美化	měihuà	15
美满	měimǎn	2
美学	měixué	6
门槛	ménkǎn	4
蒙受	méngshòu	17

密切	mìqiè	1
面积	miànjī	12
明媚	míngmèi	9
模仿	mófǎng	1
没收	mòshōu	13
谋生	móushēng	12
母系	mǔxì	7
木工	mùgōng	15
幕	mù	4

N		
拿手	náshǒu	15
难题	nántí	11
闹剧	nàojù	19
内涵	nèihán	1
内燃机	nèiránjī	21
能人	néngrén	15
腻	nì	13
溺爱	nì'ài	9
黏	nián	1
农历	nónglì	1
浓妆艳抹	nóngzhuāng-yànmǒ	5
女婿	nǚxu	13

O		
偶然	ǒurán	15

P		
攀	pān	13
盘算	pánsuan	12
判断	pànduàn	6
庞大	pángdà	18
抛弃	pāoqì	17
匹夫	pǐfū	17
偏偏	piānpiān	4
品味	pǐnwèi	3
迫害	pòhài	18
破落	pòluò	13
仆人	púrén	11
菩萨	púsà	6
朴实	pǔshí	14
朴素	pǔsù	12
普及	pǔjí	6

Q		
期待	qīdài	4
奇耻大辱	qíchǐ-dàrǔ	17
歧视	qíshì	12
祈愿	qíyuàn	1
麒麟	qílín	11
启发	qǐfā	6
启明星	qǐmíngxīng	17

气	qì	11			**R**	
前台	qiántái	14		燃料	ránliào	21
强度	qiángdù	14		热衷	rèzhōng	15
强行	qiángxíng	5		人文	rénwén	6
惬意	qièyì	15		人缘	rényuán	16
侵犯	qīnfàn	3		忍无可忍	rěnwúkěrěn	12
侵占	qīnzhàn	20		任劳任怨	rènláo-rènyuàn	12
勤快	qínkuai	4		日益	rìyì	12
倾家荡产	qīngjiā-dàngchǎn	12		融合	rónghé	6
清高	qīnggāo	12		融入	róngrù	14
庆贺	qìnghè	1		如花似玉	rúhuā-sìyù	10
秋千架	qiūqiānjià	15		辱骂	rǔmà	16
求婚	qiú hūn	18		弱势群体	ruòshì qúntǐ	15
区域	qūyù	20			**S**	
驱除	qūchú	1		散点	sǎndiǎn	2
驱邪	qūxié	3		沙漠	shāmò	18
屈服	qūfú	6		商贸	shāngmào	17
渠道	qúdào	20		赏识	shǎngshí	18
取乐	qǔlè	13		上述	shàngshù	6
权益	quányì	12		尚未	shàng wèi	9
全民性	quánmínxìng	1		社交	shèjiāo	1
确立	quèlì	12		申诉	shēnsù	9
确切	quèqiè	7		神话	shénhuà	6
群体	qúntǐ	7		神经质	shénjīngzhì	4

神圣	shénshèng	3		守岁	shǒu suì	1
审美	shěnměi	3		受益者	shòuyìzhě	12
生畏	shēngwèi	5		瘦弱	shòuruò	4
圣人	shèngrén	8		赎罪	shú zuì	4
盛情	shèngqíng	18		述说	shùshuō	18
失神	shīshén	4		树桩	shùzhuāng	4
施法	shī fǎ	5		衰弱	shuāiruò	17
施舍	shīshě	1		拴	shuān	10
时节	shíjié	1		水产	shuǐchǎn	1
时髦	shímáo	1		水落石出	shuǐluò-shíchū	19
实践	shíjiàn	15		死心	sǐ xīn	16
史无前例	shǐwúqiánlì	17		肃穆	sùmù	3
使者	shǐzhě	18		素材	sùcái	6
始祖	shǐzǔ	6		算命	suàn mìng	11
士大夫	shìdàfū	12		随遇而安	suíyù'ér'ān	12
氏族	shìzú	7		所幸	suǒ xìng	12
示威	shìwēi	20		索要	suǒyào	5
世系	shìxì	7		率性	shuàixìng	15
事迹	shìjì	1			**T**	
事与愿违	shìyǔyuànwéi	19		塌	tā	6
视频	shìpín	15		踏踏实实	tātāshíshí	12
是非	shìfēi	13		谈判	tánpàn	17
收获	shōuhuò	1		坦然	tǎnrán	19
守旧	shǒujiù	21		袒护	tǎnhù	9

探险	tàn xiǎn	20
探险家	tànxiǎnjiā	18
陶器	táoqì	6
特征	tèzhēng	1
梯形	tīxíng	2
体罚	tǐfá	8
体制	tǐzhì	17
天崩地裂	tiānbēng-dìliè	9
天堂	tiāntáng	13
田园	tiányuán	15
挑剔	tiāoti	15
挑战	tiǎo zhàn	6
铁路	tiělù	21
通行	tōngxíng	1
同情	tóngqíng	4
童话	tónghuà	18
童心	tóngxīn	5
痛心疾首	tòngxīn-jíshǒu	17
偷懒	tōu lǎn	16
投机取巧	tóujī-qǔqiǎo	12
突飞猛进	tūfēi-měngjìn	20
图腾	túténg	7
土产	tǔchǎn	13
土匪	tǔfěi	18

推托	tuītuō	12
脱离	tuōlí	12
妥善	tuǒshàn	14
妥协	tuǒxié	3
铤而走险	tǐng'érzǒuxiǎn	12

W

挽回	wǎnhuí	19
网红	wǎnghóng	15
忘本	wàng běn	12
危难	wēinàn	13
威风	wēifēng	13
威武	wēiwǔ	13
威严	wēiyán	3
违背	wéibèi	11
围观	wéiguān	15
维护	wéihù	17
维生	wéishēng	15
委屈	wěiqu	19
畏	wèi	9
慰劳	wèiláo	1
温婉	wēnwǎn	9
温馨	wēnxīn	15
瘟神	wēnshén	1
文献	wénxiàn	1

文艺复兴	wényì fùxīng	17
蚊子	wénzi	11
无可否认	wúkěfǒurèn	12
无疑	wúyí	15
无忧无虑	wúyōu-wúlǜ	4
五花八门	wǔhuā-bāmén	1
捂	wǔ	11

X

西式	xīshì	3
牺牲	xīshēng	6
稀罕	xīhan	13
稀奇古怪	xīqí-gǔguài	11
习俗	xísú	6
系列	xìliè	6
系统	xìtǒng	6
下跌	xiàdiē	3
下水道	xiàshuǐdào	14
吓唬	xiàhu	5
显然	xiǎnrán	17
相反	xiāngfǎn	3
相近	xiāngjìn	8
向往	xiàngwǎng	14
笑料	xiàoliào	13
协调	xiétiáo	11

邪	xié	11
写照	xiězhào	6
心理学	xīnlǐxué	5
欣喜若狂	xīnxǐ-ruòkuáng	3
新月	xīnyuè	2
信息	xìnxī	19
信仰	xìnyǎng	6
形状	xíngzhuàng	2
兴冲冲	xìngchōngchōng	19
兴高采烈	xìnggāo-cǎiliè	4
凶猛	xiōngměng	12
休闲	xiūxián	1
羞涩	xiūsè	9
栩栩如生	xǔxǔrúshēng	5
悬殊	xuánshū	10
雪耻	xuěchǐ	17
血缘	xuèyuán	7
巡视	xúnshì	18

Y

淹	yān	6
严肃	yánsù	5
阎王	yánwang	4
演变	yǎnbiàn	12
扬眉吐气	yángméi-tǔqì	17

词	拼音	页
阳历	yánglì	1
洋气	yángqi	1
养殖	yǎngzhí	1
妖魔	yāomó	5
耀眼	yàoyǎn	17
依恋	yīliàn	15
夷	yí	17
疑惑	yíhuò	4
义举	yìjǔ	9
异样	yìyàng	5
引申义	yǐnshēnyì	3
英俊	yīngjùn	18
拥有者	yōngyǒuzhě	6
优势	yōushì	21
优雅	yōuyǎ	9
由来	yóulái	6
游乐	yóulè	1
有滋有味	yǒuzī-yǒuwèi	20
娱乐	yúlè	1
渔网	yúwǎng	6
宇宙	yǔzhòu	6
芋头	yùtou	15
郁闷	yùmèn	4
元宝	yuánbǎo	2

词	拼音	页
原生态	yuánshēngtài	15
原始社会	yuánshǐ shèhuì	6
缘	yuán	10
远播	yuǎnbō	17
远涉重洋	yuǎnshè chóngyáng	18
运输	yùnshū	21

Z

词	拼音	页
赞助	zànzhù	5
葬礼	zànglǐ	3
遭遇	zāoyù	15
增添	zēngtiān	1
扎根	zhā gēn	12
粘	zhān	1
占领	zhànlǐng	17
涨	zhǎng	3
掌管	zhǎngguǎn	10
掌上明珠	zhǎngshàng-míngzhū	13
招募	zhāomù	18
朝思暮想	zhāosī-mùxiǎng	16
沼泽	zhǎozé	9
兆头	zhàotou	2
蜇	zhē	16
折磨	zhémó	12
珍爱	zhēn'ài	1

振奋	zhènfèn	19		逐步	zhúbù	12
镇	zhèn	4		瞩目	zhǔmù	19
征服	zhēngfú	6		专横	zhuānhèng	8
蒸汽机	zhēngqìjī	21		转化	zhuǎnhuà	7
拯救	zhěngjiù	6		庄稼	zhuāngjia	1
正宗	zhèngzōng	15		装潢	zhuānghuáng	3
证券	zhèngquàn	3		装饰	zhuāngshì	3
知恩图报	zhī'ēn-túbào	13		壮举	zhuàngjǔ	20
执意	zhíyì	4		追捧	zhuīpěng	15
执着	zhízhuó	4		追求	zhuīqiú	6
侄女	zhínǚ	10		追溯	zhuīsù	12
殖民地	zhímíndì	17		捉弄	zhuōnòng	10
指责	zhǐzé	19		自信心	zìxìnxīn	17
至理名言	zhìlǐ-míngyán	12		综合性	zōnghéxìng	1
制度化	zhìdùhuà	1		纵情	zòngqíng	5
制止	zhìzhǐ	16		粽子	zòngzi	2
秩序	zhìxù	5		阻拦	zǔlán	16
中世纪	zhōngshìjì	5		祖上	zǔshàng	13
肿	zhǒng	16		罪人	zuìrén	13
周折	zhōuzhé	13				